カラー版

重ね地図で愉しむ 江戸東京「高低差」の秘密

歴史探訪家
竹内正浩

宝島社新書

カラー版 重ね地図で愉しむ 江戸東京「高低差」の秘密

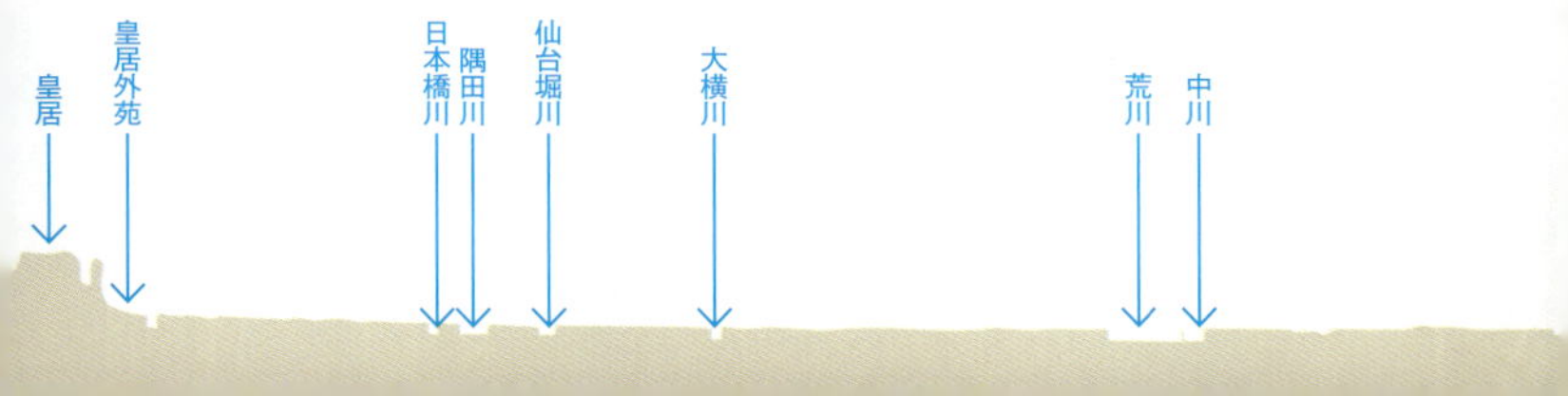

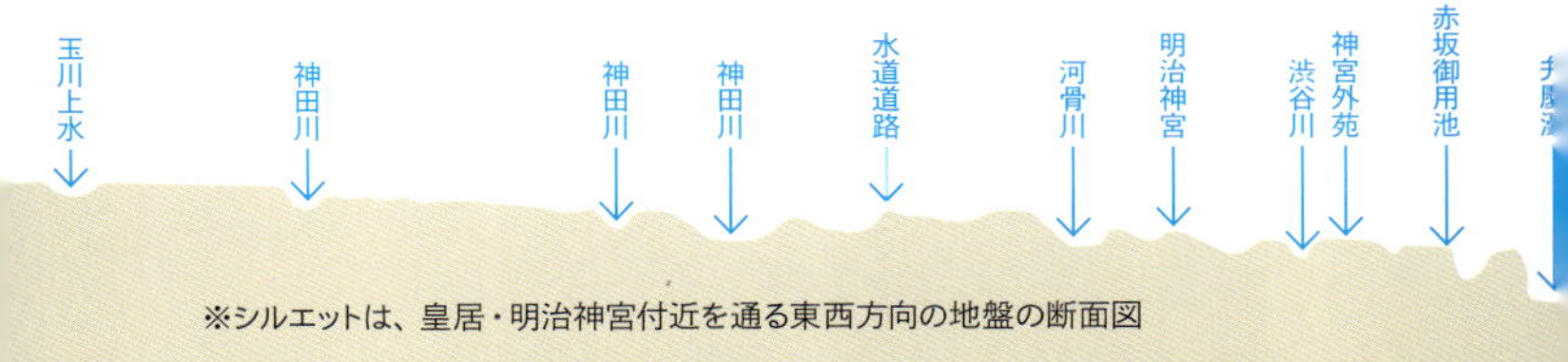

※シルエットは、皇居・明治神宮付近を通る東西方向の地盤の断面図

索引図

5 p.56
日暮里崖線の消えた坂道
18 p.196
中川の高低差散歩
2 p.30
外濠の原風景をしのぶ
1 p.22
内濠を上り下りして一周
p.74
愛宕山から増上寺へ「山」探訪
山を東から西へ

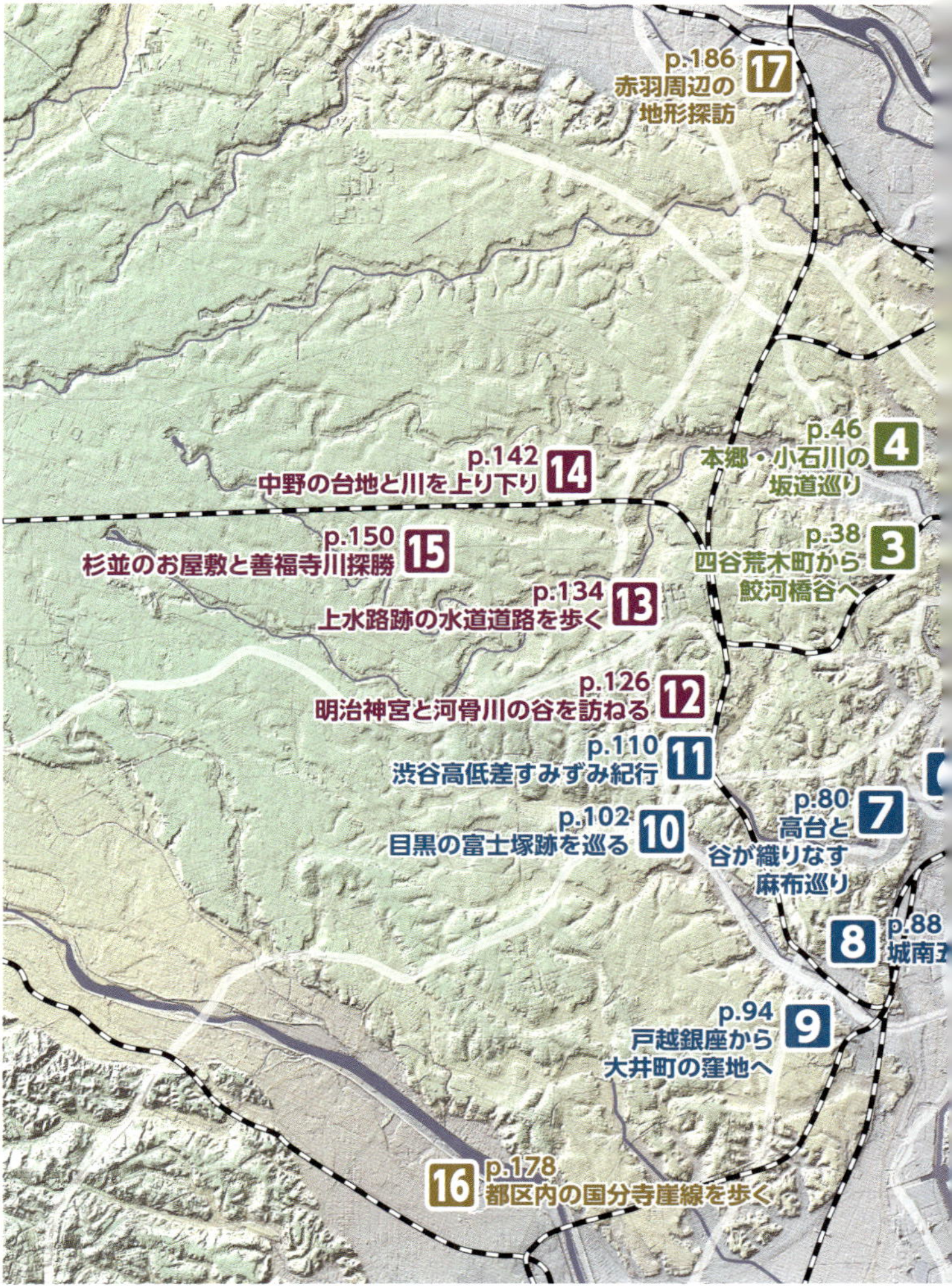
p.186 17
赤羽周辺の
地形探訪
p.46 4
本郷・小石川の
坂道巡り
p.142 14
中野の台地と川を上り下り
p.38 3
四谷荒木町から
鮫河橋谷へ
p.150 15
杉並のお屋敷と善福寺川探勝
p.134 13
上水路跡の水道道路を歩く
p.126 12
明治神宮と河骨川の谷を訪ねる
p.110 11
渋谷高低差すみずみ紀行
p.80 7
高台と
谷が織りなす
麻布巡り
p.102 10
目黒の富士塚跡を巡る
8 p.88
p.94 9
戸越銀座から
大井町の窪地へ
16 p.178
都区内の国分寺崖線を歩く

はじめに　高低差を愉しむ

昨今は江戸東京ブームである。もう何度目になるのか知らないが、この流行は、一定期間を置いて幾度も繰り返されてきた。

これまで江戸東京ブームを牽引してきた主役は、つねに「下町」だった。下町情緒という言葉に代表されるように、文学や歴史や味覚を媒介としながら、どちらかといえば情緒的に過去を振り返る雰囲気が漂っていた。

最近の江戸東京ブームは、いささか趣を異にしている。注目されている地域が、従来の下町を離れ、山手に移った感があるのだ。それというのも今回のブームを牽引するキーワードが「地形」だからだろう。そこから派生した「高低差」への関心も高い。

本書で取り上げた「高低差」は、崖際、坂道といった地盤の起伏や傾斜全般だけにとどまらない。川際をはじめとした水域にまつわる起伏や堤防、水位差をも含んでいる。扱う範囲は、都心を中心に、ほぼ東京二三区全域である。

江戸に最初に城郭を築いたのは太田道灌《おおたどうかん》である。道灌が江戸に着目したのは、東方の下総《しもうさ》への押さえという一点だっただろう。当時、江戸の東側は、行く筋もの大河がうねる広大な低湿地が広がっており、利根川の本流も現在の東京湾に注いでいた。下総台地を支配していた敵方の千葉氏への対抗上、その対岸とでもいうべき江戸への築城が求められたのである。

北桔橋から乾濠方面の眺め。ダイナミックな江戸城の高低差が堪能できる①

太田道灌の死後、一〇〇年以上にわたって江戸城は荒れ果てていた。だが、天正一八年（一五九〇）に小田原北条氏が豊臣秀吉により滅ぼされ、その遺領が徳川家康に与えられたことで事態は一変する。おそらく西へ出やすい小田原に家康が本拠地を置くことを秀吉が嫌ったためだろうが、秀吉は家康に江戸を本拠地にするよう促す。これは一種の踏み絵で、断る選択肢はあり得なかったと思われるが、江戸の地勢は、大坂や伏見にも似て、水運に恵まれていた。また後背地としての山手（台地）を抱えていたことは、市街の爆発的発展への受け皿になりうる要素を備えていた。多分に結果論かもしれないが、徳川家が江戸を本拠地にしたことは、大正解だったといえるだろう。江戸東京の発展には、地形が大いに寄与していたのである。

※7～11ページの写真説明のあとの番号は、関連するコース番号を示します

「高低差」の象徴といえば、まず、崖である。崖際を歩くと、つねに発見がある気がするのは、崖際の土地が、その土地の歴史の中で、大事な役回りを果たしてきたからだろう。古代から近代まで、歴史の秘密を解く鍵が崖際に集まっているといっても過言ではない。崖際の高台には、古墳であったり、神社であったり、城跡であったり、貴顕《きけん》の豪邸であったり……。歴史のキーポイントとなる遺構が土地に刻まれている。

そして崖の斜面や崖下も見落としてはならない。ここは、湧水に恵まれ、滝や池には、不動明王や弁天が祀られた祠が多い。崖の斜面には雑木林が残された場所も多い。板橋区小豆沢《あずさわ》の崖線下には、可憐なニリンソウの群落がわずかながら今も残っている。

崖際というのは制約が多い。崖際が災害の危険に満ちているというのも事実だろう。崖際を歩くと、災害の起点となりうる危険な崖という存在を、どう「飼いならしてきた」かがよくわかる。段々にしたり、石垣を積んだり、コンクリートの擁壁で塗り固めたり、さまざまな工夫というか、防災への執念を感じるのだ。

坂道も魅力的である。坂道は生活と切っても切り離せないから、坂の名前を知り、その場所にたたずむと、昔の人々の息遣いを感じる。そして、一つとして同じ坂道がないことに驚く。

一見平らに思える東京東部の低地もまた「高低差」の宝庫である。高台に住んでいる人には想像できないだろうが、豪雨の際はいやおうなしに高低差を意識せざるをえない。その切実さにおいては、崖際に匹敵するだろう。水はけの善し悪しは、生命の危険に直結するからだ。

日暮里の夕やけだんだんは世界的観光地④

北桔橋の眺め。特別公開日に撮影①

鷗外記念館近くの無名の階段坂④

旧江戸城本丸の眺め。特別公開日に撮影①

愛宕山の直下を貫く愛宕隧道⑥

御茶ノ水で立体交差する各線②

再開発のため、消えゆく我善坊谷⑦

駿河台に残る剝き出しの崖②

過去においてはなおさらである。自然堤防や砂州《さす》が形成した微高地とその周囲との標高差は一メートルもない。しかしこれを微々たるものと見過ごすことはできないのだ。自然堤防や砂州は、そのわずかな高さとその位置ゆえに、洪水の際の激しい濁流から逃れることができた。

そして川際である。高度経済成長当時の地下水汲み上げによる地盤沈下で、東京東部の大半が海抜ゼロメートル以下の土地となった。地盤沈下対策として、荒川をはじめ、河川や海岸の防潮堤の多くが嵩上げされたが、それにとどまらなかった。隅田川、荒川、東京湾に挟まれた土地の水域を外部と遮断し、内部の掘割の水位を下げたのである。そのため、外部との水位差を調整する二ヶ所の閘門《こうもん》が設置されている。

本書は、魅力的な土地の歴史を解説するとともに、著者が興味を惹かれた風景を紹介し、小さな旅へ誘《いざな》うことを目的としている。コース仕立てにしているのは、その方がはじめての土地を歩きやすいという配慮である。むろん読者は必ずしも紹介したコースどおりに歩く必要はない。所要時間も著者が歩いた実時間をもとにした、あくまで目安にすぎない。

むしろ実際に現地を訪ねた際は、興味を惹かれた場所に道草しながら、のんびり歩いてほしいと思う。疲れを覚えた際は、最後までコースをたどることは避けてもらいたい。幸い、今回紹介した場所はどこも公共交通網が整備されており、付近に駅やバス停があるはずである。無理をしないのが、いちばん大事。別の機会に何度でも出直せばいいではないですか。そのたびに新しい発見があるはずだから。

新宿十二社の階段坂⑬

ドイツ大使館の擁壁と南部坂⑦

赤羽台地の崖をうねる巨大な擁壁⑰

フランス大使館そばの青木坂⑦

水位調整して船舶を通す荒川ロックゲート⑱

花房山通り沿いの擁壁⑧

屋形船が多数繋留される神田川下流②

水道道路直下の本村隧道⑬

■おもな参考文献
貝塚爽平『東京の自然史』講談社　2011
芳賀ひらく『江戸の崖　東京の崖』講談社　2012
角川日本地名大辞典編纂委員会／編『角川日本地名大辞典13　東京都』角川書店　1978

■STAFF
編集：芦田隆介（アシダヤシキ）
重ね地図制作：久住 裕、飯倉一見
本文・カバーデザイン、本文マップ制作・DTP：プラスアルファ
写真撮影：竹内正浩

この地図の作成に当たっては、国土地理院長の承認を得て、同院発行の電子地形図（タイル）を使用した。（承認番号　平30情使、第1187号）
172・177ページの地図については、国立研究開発法人 産業技術総合研究所地質調査総合センターのシームレス地質図V2を参考にしている。

■重ね地図凡例（第1・2・3章）

分類項目		設色	内容の説明
山地斜面等			山地・丘陵または台地の縁などの傾斜地。
台地・段丘	更新世段丘		約1万年前より古い時代に形成された台地や段丘。
	完新世段丘		約1万年前から現在にかけて形成された台地や段丘。
低地の微高地	自然堤防		洪水時に運ばれた砂などが、流路沿いに堆積してできた微高地。
	砂州・砂堆・砂丘		砂州・砂堆は、波浪、沿岸流によってできた砂礫からなる微高地。砂丘は、風によって運ばれた砂からなる小高い丘。
凹地・浅い谷			台地・段丘や扇状地などの表面に形成された浅い流路跡や侵食谷。豪雨時に地表水が集中しやすい。
低地の一般面	谷底平野・氾濫平野		河川の氾濫により形成された低平な土地。
人工地形	台場		幕末期、江戸防備のため築造された台場（砲台）。
	明治以降の海水面の埋立地		明治以降に埋め立てられた東京湾沿岸の土地。
	切土地		山地などの造成地のうち、切取りによる平坦地や傾斜地。
	盛土地・埋立地		低地に土を盛って造成した平坦地や、水域を埋めた平坦地。

■重ね地図凡例（第4章）

岩相	形成年代	設色
1650年以降の盛土・埋立地	後期完新世	
谷底平野	完新世	
自然堤防堆積物	完新世	
段丘堆積物	後期更新世中期～後期更新世前期	
段丘堆積物	後期更新世前期	
汽水成層・非海成混合層	後期更新世	
汽水成層・非海成混合層	中期更新世後期	
海成層	更新世ジェラニアン期～中期更新世前期	

東京の地形を歩こう!

1 東京中心部の地形を歩く

一六ページ以降に掲載した重ね地図は、土地条件図である。土地条件図とは、「防災対策や土地利用・土地保全・地域開発等の計画策定に必要な、土地の自然条件等に関する基礎資料を提供する目的で、昭和30年代から実施している土地条件調査の成果を基に、主に地形分類（山地、台地・段丘、低地、水部、人工地形など）について示したもの」（国土地理院による）とされている。

図の右上から左下にかけ、武蔵野台地の縁となっており、その左側を広く覆うのは更新世《こうしんせい》段丘。かつて洪積世《こうせきせい》と呼ばれた時代で、現代を含む完新世《かんしんせい》（かつて沖積世《ちゅうせきせい》と呼んだ）よりも古い。完新世段丘は、不忍池《しのばずのいけ》の西側から本郷台地を取り巻く部分に分布しているにすぎない。

図の右を南北に流れる隅田川を除けば、都心最大の河川が神田川である。この重ね地図を見れば、飯田橋の東側から御茶ノ水を通って流れる現在の神田川の最下流が人工水路であることがおのずと理解できるだろう。この水路が開削された江戸時代以前に流れていた流路（平川《ひらかわ》と呼ばれた）は現在の日本橋川に近いものだったが、日本橋川の流路と同一ではなかった。もともとこの地を流れていた平川は、日本橋から銀座にかけて南北に横たわる「前島《さきしま》」と呼ばれた砂州に阻まれるように、日比谷付近に注いでいた。江戸時代以前、前島の西側は、浅海の入江（日比谷入江と呼ばれることが多い）が広がっていたのである。隅田川からの物資や魚介などの食材を江戸城に運ぶため、砂州を横断する形で水路が開削され、江戸城の東側に延びていた道三堀《どうさんぼり》（現在は埋め立てられた）を介して江戸城と直結していたのだ。神田川の新水路が完成するとともに平川上流部は埋め立てられたが、明治期に神田川の分流として開削された。現在は砂州の中央部を流れる形になっているが、往時はこの砂州の西と東に、南北方向に流れる二つの流れ（平川と小石川《こいしかわ》）が存在したといわれる。

重ね地図のベースになった土地条件図からはさまざまな情報が読み取れるだろう。著者は、かつての川の流路がたどれるのが興味深かった。たとえば、城郭を円環状に取り巻いていると見られがちな水濠だが、これまたほとんどが旧来の川と谷を利用して築造されているのが見てとれる。このことについてはこのあとの各テーマで述べることになるだろう。

図の右上には、隅田川沿いに自然堤防が点在している。自然堤防の土地は周囲よりも若干地盤が高く、相対的に洪水に強いため、集落が形成されやすい。隅田川沿いの自然堤防上に形成されたのが、浅草（浅草寺《せんそうじ》）と吉原《よしわら》（遊廓）であったことは興味深い。

■重ね地図凡例

山地斜面等……………

台地・段丘

　更新世段丘 ………

　完新世段丘 ………

低地の微高地

　自然堤防 …………

　砂州・砂堆・砂丘 …

凹地・浅い谷 …………

低地の一般面

　谷底平野・氾濫平野

人工地形

　台場 ………………

明治以降の海水面の

　埋立地 …………

切土地 ……………

盛土地・埋立地……

不忍池
神田川
日本橋川
隅田川

1 : 40,000
0
1000m

文京区
台東区
千代田区
中央区
墨田区
日本橋
神田
内神田
上野恩賜公園
不忍池
皇居
江戸城跡
銀座
西新橋
日比谷公園
浅草
高速上野線
高速池袋線
高速深川線
東京本願寺
東京医科歯科大
本郷
両国橋
新大橋
永代橋
清洲橋
浜町
神保町
1：40,000
0
1000m
N

豊島区
大塚
護国寺
豊島岡御陵
大塚先儒墓所
雑司ヶ谷霊園
雑司が谷
鬼子母神
学習院
目白台
お茶の水女大
拓大
小日向
小石川
小石川植物園
高田
高田馬場
早稲田
大隈講堂
早稲田鶴巻町
高速五号線
西五軒町
矢来町
新宿区
大久保
山鹿素行墓
林氏墓地
東京理大
神楽坂
日本歯大
歌舞伎町
東京女医大
余丁町
市谷
防衛庁
靖国神社
東京医大
新宿
荒木町
坂町
本塩町
五番町
四番町
新宿御苑
大京町
慶応病院
若葉町
信濃町
四谷
麹町
平河町
国立劇場
高速四号線
千駄ヶ谷
東京体育館
新国立競技場建設中
神宮外苑
迎賓館
豊川稲荷
赤坂御用地
永田町
最高裁判所
国会議事堂
日枝神社
首相官邸
神宮前
北青山
港区
赤坂
南青山
青山

神田川

1 内濠を上り下りして一周

歩行距離：7・5キロ
所要：4時間30分
最寄り駅：桜田門駅・日比谷駅など

江戸城のお濠《ほり》の大半は、もとから存在した自然の河道や谷を利用している。そのため、内濠の水位には顕著な差がある。今回は桜田門《さくらだもん》から時計回りに歩くことにした。

桜田門は井伊直弼《いいなおすけ》が暗殺された桜田門外の変という歴史の転換点の舞台として知られているが、今は国内外の観光客や皇居一周マラソンの人々が行き交う。

門を出て正面左手に見えるのは赤煉瓦の法務省旧本館。江戸時代は米沢藩《よねざわはん》上杉家上屋敷があった。濠端は、水と緑の風景が広がる。振り返れば桜田門ごしに丸の内の高層ビルが幻のように聳《そび》えている。ゆるやかにカーブし、上り坂になるころ、正面に国会議事堂。議事堂手前の木立は、かつての参謀本部。戦前は明治時代の庁舎が睨みを利かせていた。このあたりの桜田濠沿いは、上端に鉢巻《はちまき》石垣とも呼ばれる石垣、水面近くに腰巻《こしまき》石垣とも呼ばれる石垣が巡らされているが、大半が土塁で、松が植えられている。

巨大なアースダム（土堰堤）のように見えるのは半蔵門《はんぞうもん》の土橋。水量が減る秋から冬にかけ

①桜田門とビル群。かつては百尺規制でビルの高さは31mに揃っていたが、現在は200m近いビルも少なくない。写真中央の煉瓦色の東京海上ビル（当時）の景観論争も今は昔

ては、土橋の下に玉《たま》川《がわ》上《じょう》水《すい》の余水を流したと思《おぼ》しき石組が確認できる。玉川上水の余水は半蔵濠にも流され、各濠の水門を順繰りに下りながら、最も低い日比谷濠から江戸湊《みなと》に流れ出るようになっていた。玉川上水の余水流入が完全に停まるのが、淀《よど》橋《ばし》浄水場が廃止された昭和四〇年（一九六五）。このときから内濠の水質汚濁が顕著になっている。

②桜田濠の柳の井の案内板。旧甲州道中沿いにあり、桜の井とともに名水として知られた

③緑豊かな桜田濠。内濠の中で最大の9万6780平米を誇り、濠の幅も平均67mある

④江戸城内郭の門で最も標高が高い半蔵門。「陛下の御門」ともいわれ、厳重に警固される

⑥千鳥ヶ淵の中央を横断して地下に入る首都高速都心環状線。昭和39年（1964）の開通

⑤半蔵門の土橋の直下には、玉川上水の余水を流した口らしき石垣が顔をのぞかせていた

⑦桜田濠に次いで広い千鳥ヶ淵（6万6521平米）。江戸時代初期は水源池だった

桜田濠と半蔵濠の水位差は一二メートル以上あるが、半蔵濠の深さは〇・九メートルしかない。皇居を囲む濠の水深は浅く、いちばん深い凱旋濠《がいせんぼり》でも水深一・九メートル。北の丸公園に面した清水濠《しみずぼり》にいたっては水深七〇センチにすぎない。

坂を登り切ると半蔵門だ。内濠に面した門の中で最も標高が高く、この門の前の土橋が内濠の分水嶺のような役割を果たしている。

半蔵濠では巨大なソウギョが群をなして悠々と泳いでいる。ソウギョは水草除去のために公的に三度放流された記録がある。千鳥《ちどり》ヶ《が》淵《ふち》では、「千鳥ヶ淵戦没者墓苑に眠る英霊をお慰めするため」、昭和四三年（一九六八）から昭和六〇年（一九八五）まで毎年ニシキゴイを放流していたことを記した案内板が立っている。

0.0km
0.5km
1.0km
1.5km
靖国神社大鳥居
靖国神社
冬青木坂
九段坂
都営新宿線
神保町駅
九段下駅
田安門
九段会館
日本武道館
東京メトロ東西線
牛ヶ淵
1.5m
4.17m
清水濠
0.7m
1.87m
東京メトロ半蔵門線
三番町共用会議所
北の丸公園
清水門
気象庁「東京」気象観測地点
千鳥ヶ淵
1.0m
15.98m
気象庁
千鳥ケ淵戦没者墓苑
竹橋駅
代官町通り
平川門
乾門
英国大使館
千鳥ヶ淵
北桔橋門
楽部
大手濠
1.1m
1.87m
天守台
汐見坂
旧本丸
富士見櫓
国立劇場・国立演芸場
半蔵濠
0.9m
15.98m
大手門
御所
桔梗濠
0.8m
1.87m
巽櫓
半蔵門
蛤濠
0.9m
2.37m
桔梗門
和田倉濠
1.2m
1.43m
宮殿
坂下門
皇居外苑
桜田濠
1.6m
3.82m
馬場先濠
1.4m
1.43m
二重橋前駅
最高裁判所
皇居石橋
柳の井
桜田門
旧参謀本部
東京メトロ千代田線
凱旋濠
1.9m
2.85m
東京メトロ有楽町線
桜田門駅
警視庁
法務省旧本館
国会議事堂
東京メトロ丸ノ内線
日比谷濠
1.4m
1.43m
有楽町駅
N
桜田濠 1.6m ……平均水深
3.82m ……水面の標高
日比谷公園
日比谷駅

⑧ヘイケボタルも生息する牛ヶ淵。城郭風の意匠で知られた九段会館（旧軍人会館）は、耐震性の問題から東日本大震災後に閉鎖。高層ビルへの改築が始まっている

⑨九段坂上に聳える靖国神社の大鳥居。高さ25m、幅34.1m。昭和49年（1974）の建立

⑩保存部材を用いて昭和36年（1961）に復元された清水門。雁木坂の石段が見られる

左手に英国大使館を見ながら、千鳥ヶ淵交差点を渡り、千鳥ヶ淵緑道へ。

千鳥ヶ淵緑道と道を隔てた千鳥ケ淵戦没者墓苑はもとの賀陽宮《かやのみや》邸。少し先の三番町共用会議所は明治初期の山縣有朋《やまがたありとも》邸。この屋敷に明治天皇が行幸したこともある。戦没者墓苑や共用会議所の土地は、明暦三年（一六五七）の大火後、明治に入るまで火除空地《ひよけあきち》だった。

北西の強風で火勢が拡大した明暦の大火に懲りた幕府は、江戸城から見て風上の北西側に多数の空き地を設けたのである。その徹底ぶりは、御三家の屋敷があった吹上《ふきあげ》と、代官屋敷が並んでいた北ノ丸をそっくり火除空地にしてしまうほどだった。

千鳥ヶ淵から牛ヶ淵《うしがふち》へ九段坂《くだんざか》を下る。九段坂は、江戸時代は文字どおり九段の石段が設けられていた急坂。牛ヶ淵の名も、九段坂を登り切れずに落ちた牛に由来するともいわれる。それほどの急勾配だったわけだが、関東大震災後、復興道路（大正通《たいしょうどおり》。現在の靖国《やすくに》通り）造成の際に改良されてゆるやかになった。ただし、その北の冬青木坂《もちのきざか》は見上げるほどの急坂で、崖の切り通し道という往時の趣を伝えている。

⑪平成26年（2014）に大手町の気象庁から北の丸公園に移された「東京」の観測地点

⑫北桔橋から竹橋方面の眺め。天守台至近のため、高低差18m余の石垣で囲まれている

⑬天守台の石垣の大半は瀬戸内産花崗岩だが、黒ずんだ石は寛永期天守の伊豆石を流用

九段坂下から靖国神社の大鳥居を見上げる。市ヶ谷の防衛省のアンテナがちょうど鳥居の先に高く伸び、景観を損ねているのが悔やまれる。改築中の九段会館前を通り、清水門《しみずもん》へ。この門は、雁木坂《がんぎざか》と呼ばれる門内の石段を残し、江戸城の旧観をよくとどめている。

大手町の気象庁本庁の敷地から北の丸公園に移された観測機器を眺め、代官町《だいかんちょう》通りを横断。北桔橋門《きたはねばしもん》から、皇居東御苑（月・金休園）と名を変えた旧本丸に入る。今回は楽部《がくぶ》庁舎脇を抜けて汐見坂《しおみざか》を下りた。汐見坂という名は、海城《うみじろ》だったころの面影を伝えている。

大手門を出て、桔梗濠《ききょうぼり》沿いに南に歩く。巽櫓《たつみやぐら》、桔梗門、富士見櫓《ふじみやぐら》が並んで見える。おそらく江戸城の面影を最も感じる場所だろう。富士見櫓が高く見えるのは、櫓そのものの高さもあ

⑭天守台から眺めた皇居東御苑旧本丸。江戸時代はびっしりと御殿が建てられていた

⑮汐見坂からの眺め。江戸初期、日比谷の入江が広がっていたことに因む。手前は白鳥濠

⑯大奥の通用門だった平川門。木橋の擬宝珠には慶長19年（1614）と寛永元年（1624）の銘

⑰江戸城の面影を宿す数少ない一角。桔梗濠に影を映すのが巽櫓。その先に見えるのが桔梗門。遠く聳えるのが富士見櫓。関東大震災で石垣下に落下したが、復元されている

るが、武蔵野台地の崖線上に建っているためである。

桔梗濠の水面は海抜一・八七メートル。半蔵濠との標高差は一四メートル以上もある。皇居前広場の東側のお濠の水位と水深がほぼ同じなのは、日比谷入江を埋め残したからであろうか。そんなことを考えながら、桜田門まで歩いた。

⑱江戸城の正門だった大手門。大正期までは木橋だった。渡櫓は昭和42年（1967）の復元

⑲伏見櫓と二重橋。石橋は明治22年（1889）、奥の鉄橋（二重橋）は昭和39年（1964）の架橋

2
外濠の原風景をしのぶ

歩行距離：8キロ
所要：5時間
最寄り駅：秋葉原駅／四ツ谷駅

中央線は最初、甲武鉄道《こうぶてつどう》という私設鉄道として敷設された。当時、官設鉄道も含め、鉄道の都心乗り入れには各社とも苦慮していたが、一番乗りを果たしたのが、甲武鉄道だった。その秘密は、外濠の斜面に鉄道線を敷設していったことである。最初に都心のターミナルとなったのは新宿で、その後、徐々に東に路線を延ばすにしたがい、牛込《うしごめ》、飯田町《いいだまち》、御茶ノ水、昌平橋《しょうへいばし》と始発駅は変わり、明治四五年（一九一二）の万世橋《まんせいばし》開業で一応の完成をみた。当時の万世橋駅前は、そばの須田町《すだちょう》が市電のターミナルにもなっていたから、銀座をしのぐ賑わいだった。近くの旧連雀町《れんじゃくちょう》に食の老舗が集中するのは、繁華街だった歴史をしのばせている。

ところがわずか七年後には新たに開業した東京駅まで中央線が延伸して、万世橋駅は単なる途中駅となる。さらに、関東大震災で煉瓦造の壮麗な万世橋駅舎は外壁を残して焼失。その後、万世橋に移転してきたのが鉄道博物館（戦後の交通博物館）だった。

秋葉原駅そばに架かる万世橋からマーチエキュート神田万世橋と名を変えたかつての交通博

①御茶ノ水駅付近の立体交差。手前の低い位置で神田川を渡るのが地下鉄丸ノ内線、駅構内に停車しているのが中央快速線。神田川橋梁と松住町架道橋を渡るのが中央・総武緩行線

④旧万世橋駅ホームに通じる階段。公開前は、戦時中のポスターが貼られたままだった

②神田川に影を落とす旧万世橋駅の高架。以前は交通博物館の展示スペースだった

⑤秋葉原～御茶ノ水間に架かる総武線の神田川橋梁。昭和7年（1932）の竣工

③交通博物館跡に建つJR神田万世橋ビル。ビルの前にはかつての風景がパネルで掲示

後楽園駅
白山通り
東京ドーム
水道橋駅
水道橋
神田上水懸樋跡
御茶ノ水坂
本郷三丁目駅
都営大江戸線
湯島天神
湯島駅
本郷給水所
東京都水道歴史館
東京メトロ丸ノ内線
皀角坂
女坂
男坂
錦華公園
明治大学
御茶ノ水駅
文坂
聖橋
湯島聖堂
神田明神鳥居
神田明神
末広町駅
東京メトロ銀座線
中央通り
淡路坂
秋葉原駅
神田川
岩崎彌之助邸跡
旧万世橋停車場
中央線
本郷通り
東京復活大聖堂教会
新御茶ノ水駅
小川町駅
淡路町駅
三崎町六差路
都営三田線
堀留橋
靖国通り
九段下駅
神保町駅
東京メトロ半蔵門線
東京メトロ東西線
神田駅
竹橋駅
東京メトロ千代田線
東京メトロ丸ノ内線
大手町駅
東京メトロ東西線
皇居

0.0km
0.5km
1.0km
1.5km
N
神楽坂駅
東京メトロ東西線
目白通り
神田川
小石川後楽園
外堀通り
小石川橋梁
飯田橋セントラルプラザ
飯田橋駅
17
牛込神楽坂駅
神楽坂
大久保通り
都営大江戸線
外堀通り
18
牛込御門
甲武鉄道始点の地
東京メトロ東西線
東京メトロ有楽町線・南北線
牛込濠
法政大学
中央線
新見附濠
靖国神社
都営新宿線
靖国通り
釣り堀
19
市谷濠
市ケ谷駅
市ヶ谷駅
東京メトロ半蔵門線
内堀通り
北の丸公園
四谷御門
20
四ツ谷駅
東京メトロ有楽町線
麹町駅
半蔵門駅
新宿通り

⑧神田明神の鳥居。左隣の天野屋は地下の土室（むろ）で発酵させた甘酒や納豆で名高い

⑥ニコライ堂として有名な東京復活大聖堂教会。かつては東京を一望できた

⑨神田明神。動物彫刻の名手だった池田勇八の手になる狛犬は昭和８年（1933）の建立

⑦湯島聖堂（大成殿）は関東大震災で焼失し、伊東忠太の設計で昭和10年（1935）に再建

物館を通り、松住町《まつずみちょう》架道橋《かどうきょう》と神田川橋梁を見上げながら、高低差一〇メートル以上ある淡路坂《あわじざか》を登る。駿河台といえば、学生街という印象が強いが、明治以降はお屋敷街だった。本郷《ほんごう》通りや聖橋《ひじりばし》は関東大震災後の造成で、震災前は閑静な環境だったのである。坂上に岩崎彌之助《いわさきやのすけ》（三菱財閥二代目）邸跡の案内板が立つのはそうした歴史を物語る。

聖橋で神田川を渡り、神田明神《みょうじん》を巡る。社殿の裏に回ると、目も眩《くら》む断崖が顔を覗かせている。

改良工事が進む御茶ノ水駅を見ながらお茶の水橋を渡る。この橋がはじめて架橋されたのは明治二四年（一八九一）。このあたりの神田川は自然の渓谷にしか見えないが、江戸初期に切り開かれた人工の水路である。気が遠くなるような営みだったろう。

⑩御茶ノ水橋から西側の眺め。以前の御茶ノ水駅はこの付近にあったが、昭和7年（1932）御茶ノ水橋の東に移転。関東大震災では神田川の崖が崩れて川を埋めてしまった

そのまま西に下れば皀角坂《さいかちざか》から水道橋に出るが、明大通りの文坂《ふみざか》を下り、本郷台池の山裾に沿って歩く。錦華《きんか》公園やその北側には剝き出しの崖が顔を覗かせている。震災復興期に新設された階段坂の男坂《おとこざか》、女坂《おんなざか》をすぎて皀角坂下を通り、水道橋へ。御茶ノ水坂を一五〇メートルほど登ると、自然石で造られた神田上水懸樋《かけどい》跡が現れる。

⑪昭和7年（1932）に竣工した御茶ノ水駅の駅舎。駅改良工事のため、解体される予定

⑫急峻な地形を物語るように階段の男坂と女坂が南側に口を開けている。これは女坂

⑬懸樋と富士山が描かれている水道橋のレリーフ。神田川に沿って線路が敷設されている

⑭懸樋の架橋地点の石碑。サイフォンの原理で神田上水が高台で神田川を越えた

⑮三崎町の六差路。軍用地の払い下げを受けた三菱財閥が独自の町づくりをした場所

⑯ドイツの鋼材を用いて明治37年（1904）に現在の日本橋川に架橋された小石川橋梁

神田上水は、水戸《みと》徳川家上屋敷（現在の東京ドームや小石川後楽園《こいしかわこうらくえん》を含む一〇万余坪の屋敷）を貫流したのち、五メートル以上高いこの位置までサイフォンの原理で運ばれ、神田や日本橋一帯に配水された。

水道橋駅付近は低地である。家康の江戸入府以前は、現在の白山《はくさん》通り付近を流下した小石川と、平川《ひらかわ》（神田川中流と日本橋川の流路に近い）が、北から南に流れていた。

水道橋駅のすぐ南は道が入り組んでいる印象だが、そのなかに六差路《ろくさろ》があるのをご存知だろうか。現在神田三崎町《みさきちょう》一・二丁目となっている一角は、江戸時代は大名屋敷だった土地で、幕末には講武所となり、やがて陸軍練兵場を経て、三菱財閥に払い下げられた。三菱は煉瓦造の賃貸長屋を建て、周辺に劇場が配置され、新時代の町並みを造り上げた。

⑰アイガーデンエアの甲武鉄道始点の地の記念碑。線路のモニュメントを見下ろす

⑲市ケ谷駅ホームから眺める外濠を利用した釣り堀。昭和30年代はじめから営業している

⑱飯田橋駅西口にある牛込御門の石垣。駅の移設改良工事にともない駅前も改装中

⑳四谷御門の石垣。かつての四谷見附橋は、脇の新四ツ谷見附橋の位置にあった

三崎町をあとに、小石川橋梁沿いを西に歩く。日本橋川が分流しているが、これは明治三六年（一九〇三）以降のことで、それまでは堀留橋《ほりどめばし》の手前まで埋め立てられていた。

その西側は砲兵本廠附属《ほうへいこうしょうふぞく》生徒舎があったところで、甲武鉄道の飯田町停車場が開設された。平成初期まで貨物駅があったが、アイガーデンエアとして再開発されている。

飯田橋駅から市ケ谷駅にかけての外濠は紅《もみ》葉川《じがわ》の谷を利用したものだ。曙橋《あけぼのばし》から防衛省あたりの靖国通り沿いの谷筋には、紅葉川という川が流れ、飯田橋の東で平川に注いでいた。このうち、市ヶ谷以東の谷（大池があったといわれている）を拡張し、その残土を北側に積み上げて均《なら》したのが現在の外濠の地形である。この時の残土で造成された平坦地が、外濠沿いに東西に延びる市谷田町《いちがやたまち》である。

3 四谷荒木町から鮫河橋谷へ

歩行距離：３キロ
所要：２時間
最寄り駅：市ケ谷駅／四ツ谷駅・信濃町駅

市ヶ谷は観光地という印象がない。しかし明治以前は、市谷八幡《いちがやはちまん》（現在の市谷亀岡《かめがおか》八幡宮）が錦絵に描かれるほどの名所だった。市谷亀岡八幡宮前から防衛省前あたりの靖国通りは、紅《もみ》葉川《じがわ》の谷筋である。明治初期の地図には、すっかり細流となった紅葉川らしき川筋が描かれている。現在の靖国通り沿いに川は流れ、その支流の一つは、やがて路地に入る。

その細流跡をたどるうち、かつて花街として知られた四谷荒木町《よつやあらきちょう》に出る。荒木町といえば、料亭や飲食店、小さな家屋が建て込み、迷路のように路地が入り組んだ独特の雰囲気を醸す町として知られる。だが、それは明治以降の姿だ。江戸時代は、ほぼ全域が美濃高須藩松平《みのたかすはんまつだいら》家上屋敷で、二万坪余りの敷地を誇った。戦前の荒木町は、東西三〇〇メートル、南北四〇〇メートルがすべて「荒木町二七番地」だったが、これが旧高須藩上屋敷の範囲だった。

松平といってもその出自はさまざまだ。この松平は尾張藩の分家にあたり、石高は三万石だったが家格は高く、島津家や伊達家といった有力外様大名と肩を並べた。幕末の高須藩から

①市谷亀岡八幡宮の急な石段。外堀通りから約30ｍ奥にあるため気づく人は少ない。石段上の銅鳥居は文化元年（1804）の建立。扁額は姫路藩主酒井忠道（ただひろ）の揮毫

②享保14年（1729）の古風な狛犬。平成22年（2010）に山形県から30年ぶりに里帰り

③市谷台に聳え立つ防衛省の威容。正門を入るとエスカレーターで庁舎の地盤まで上がる

は、俊秀を謳われた徳川慶勝《よしかつ》（尾張藩主）、一橋《ひとつばし》茂栄《もちはる》（一橋家当主）、松平容保《かたもり》（会津藩主）、松平定敬《さだあき》（桑名藩主）という高須四兄弟を輩出している。彼らは皆高須藩の江戸屋敷で生まれ、育った。

明治に入ると、当主には子爵が与えられた。新たな松平子爵邸は、かつての高須藩上屋敷のうち、主殿のあった高台のほんの一部

④荒木町の仲坂。荒木町のほぼ全域が、江戸時代高須藩主松平家の上屋敷だった。東側にあった正門から御殿に通じる道が、南北の谷を塞ぐような土橋の構造で築かれたようだ

と池を所有するだけとなった。現在も屋敷の外構だったと思われる堅牢な石垣が残っており、一見の価値がある。

池のほとりの津《つ》の守《かみ》弁財天や石畳の坂を登った先にある金丸稲荷《かなまるいなり》は、藩邸時代から祀られていた。金丸稲荷から車力門《しゃりきもん》通りを通って新宿通りに出る。車力門通りは、かつて荷車で松平家屋敷に運び込む道だったことに因ん

⑤策の池と津の守弁財天。手水鉢には江ノ島弁財天と同じ北条家の三つ鱗紋が刻まれる

⑥荒木町の坂道には昭和45年（1970）に廃止された都電新宿線の敷石が用いられている

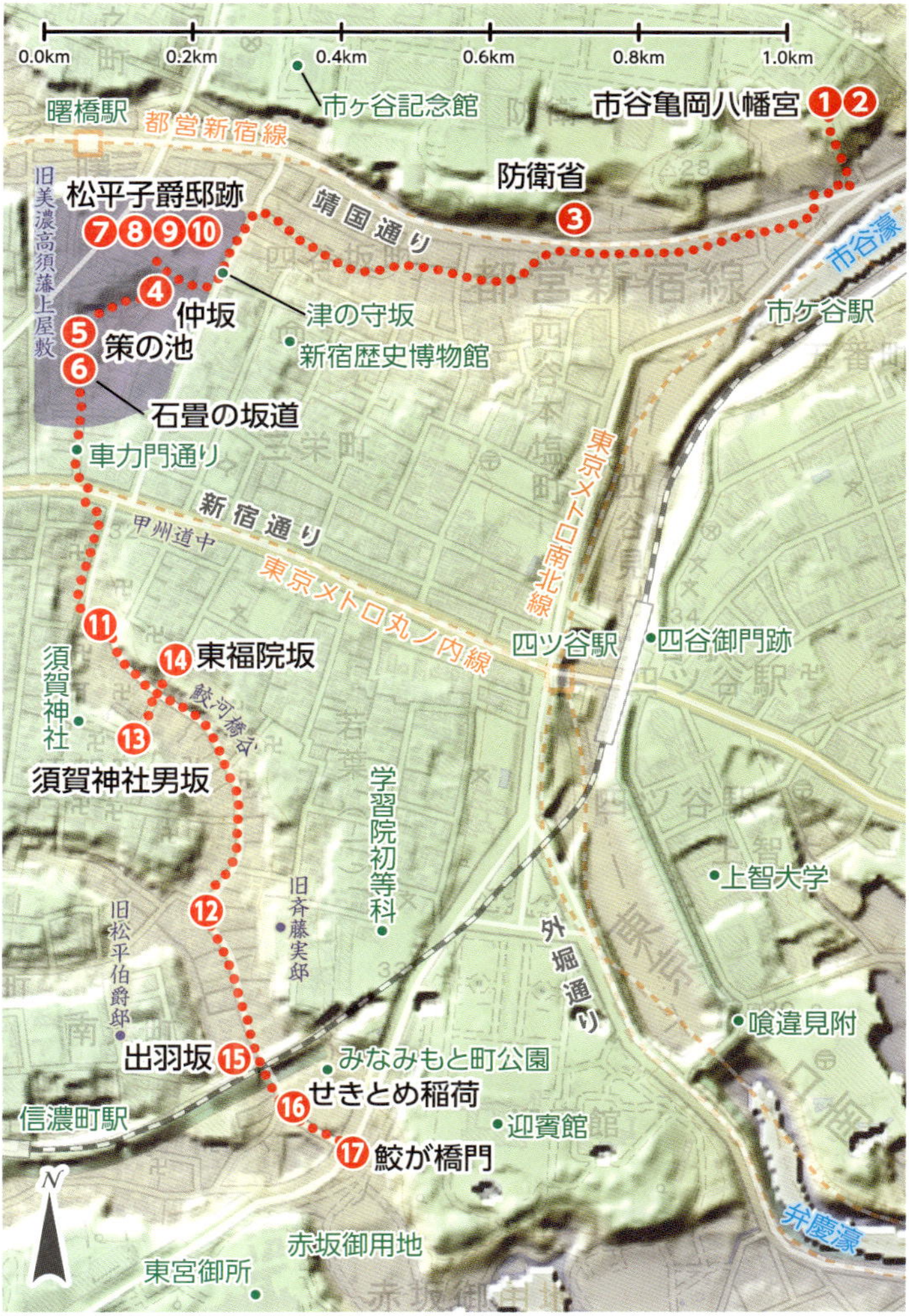
0.0km
0.2km
0.4km
0.6km
0.8km
1.0km
市ヶ谷記念館
市谷亀岡八幡宮 1 2
曙橋駅
都営新宿線
防衛省
3
旧美濃高須藩上屋敷
松平子爵邸跡
7 8 9 10
靖国通り
都営新宿線
市谷濠
4
津の守坂
仲坂
5
策の池
6
新宿歴史博物館
市ケ谷駅
石畳の坂道
車力門通り
東京メトロ南北線
新宿通り
甲州道中
東京メトロ丸ノ内線
11
14 東福院坂
四ツ谷駅
四谷御門跡
須賀神社
鮫河橋谷
13
須賀神社男坂
学習院初等科
上智大学
旧斉藤実邸
旧松平伯爵邸
12
外堀通り
喰違見附
出羽坂 15
みなみもと町公園
16 せきとめ稲荷
迎賓館
信濃町駅
17 鮫が橋門
N
弁慶濠
赤坂御用地
東宮御所

旧高須藩主松平子爵邸の遺構

⑦高須藩主だった松平子爵の屋敷跡の周囲には、往時をしのばせる立派な石垣とモルタル塗の煉瓦塀が威容を誇っていた。平成25年（2013）の撮影

⑧上の写真の現況。松平子爵邸の場所に建っていた数棟の家屋は取り壊された。石垣の上の煉瓦塀はすでに取り除かれ、全体が更地になっている

⑨松平子爵邸跡の石垣。城郭の石垣を思わせる切り込みハギと呼ばれる精緻な石垣だった。平成25年（2013）の撮影

⑩上の写真の現況。石垣の右側にあった民家も取り壊され、駐車場になった。そのため、石垣の裏側の煉瓦の擁壁が顔を出している

⑬『君の名は。』の舞台になったことで外国人が目立つ須賀神社の男坂。右に女坂もある

⑪鮫河橋谷は、かつて30ヶ寺を数えた寺町でもある。今も寺院が数多く立地している

⑭須賀神社の反対の東福院坂からの眺め。中間に向かって窪む鮫河橋谷の断面がわかる

⑫鮫河橋谷から見上げる高台のマンションは斎藤実子爵邸跡。斎藤は二・二六事件で暗殺

でいる。

新宿通りはかつての五街道の一つ甲州道中《こうしゅうどうちゅう》の道筋。道路を横断すると、それまでの上り坂から急に下り坂に変わる。甲州道中は尾根道で、いわば分水嶺となっていたのだ。

道の両側にはさまざまな宗派の寺院が並び、寺町だった面影を宿している。谷を流れていた鮫川《さめがわ》（桜川）は、鮫河橋谷《さめがはしだに》から紀州藩中屋敷（現在の赤坂御用地）へと流れ込み、やがて江戸城外濠の溜池《ためいけ》の谷を刻んだ。『君の名は。』のラストシーンですっかり有名になった須賀《すが》神社の男坂《おとこざか》は、映画公開から数年経った現在も外国人観光客で賑わっていた。ここからは鮫河橋谷の谷底ごしに東福《とうふく》院坂《いんざか》が一望にできる。

鮫河橋跡に近い「みなみもと町公園」の地下部分は全体が南元町《みなみもとまち》雨水調整池となって

いる。鮫川は完全に暗渠と化しているが、三方から水が集中するすり鉢状の地形のため、大量の雨が降ったときには溢水《いっすい》を防ぐための調整池が不可欠なのであろう。ここの下流が赤坂御用地で、下水管が古いままの口径で狭いことも理由としてあるらしい。

公園の一画には「せきとめ稲荷」という小さな祠がある。紀州藩屋敷を造営する際、鮫河橋に堰《せき》を造った。その堰を守る目的で祠を築いたのが「堰止め」の由来だった。「堰止め」がいつしか「咳止め」に転じて、咳止めの神様として信仰されるようになったのだという。今も昔も咳は切実な悩みだった。付近にあった池の周りの木の枝に名前を書いた紙を水引で結びつけて咳止めのまじないが盛んに行われていたと伝わる。

⑮出羽坂は、坂上に屋敷があった松江藩主松平伯爵の極官が出羽守だったことに因む

⑯せきとめ稲荷。堰き止めていたことからその名が起こったが、「咳止め」の御利益で人気に

⑰東宮御所の最寄りの鮫が橋門。鮫河橋谷の河水はこの付近から赤坂御用地に流れる

4
本郷・小石川の坂道巡り

歩行距離：９キロ
所要：６時間
最寄り駅：日暮里駅／雑司が谷駅

東京は実際のところ、坂だらけである。そのなかでも文京区は、新宿区、港区と並んで坂の多い土地柄である。文京区の坂は、名前のついているものだけでも一一〇ヶ所以上。文京区に坂が多い最大の原因は、区の全域がほぼ武蔵野台地の東端に位置しており、地形が起伏に富んでいることが挙げられる。

しかしそれだけではない。「坂道」という言葉があるとおり、「坂」とはすなわち「道」である。崖《がけ》など急傾斜地に「道」がつけられなければ坂にならない。わざわざ坂道を開くのは、通行が期待できるからだ。そしてもう一つ、名前がつけられなければ、「坂が多い」とはいえない。もともとあった自然に人の手が加わって、はじめて坂道が誕生するのである。

東京の坂道は、ほとんどが人為的に造られたものだ。それは、東京の坂道の原風景が、ゆるやかな坂ではなく、崖だったからである。崖を均《なら》したり、段を刻んだりすることによって、いわば、牙を剝く崖を飼いならして、坂道へと変えていったのである。

①外国人観光客で賑わう「夕やけだんだん」。平成2年（1990）に石段が改装された際の愛称の一般公募で作家の森まゆみが応募し、決定されたいきさつがある

この区は戦前の小《こ》石《いし》川《かわ》区・本《ほん》郷《ごう》区にあたり、全域が江戸の朱《しゅ》引《びき》地《ち》内（江戸市中）に含まれていた。こまごまとした町割りがなされた斜面には新しく坂道がつけられ、生活に密着した坂には、一つ一つ名前がつけられていった。江戸の昔から人家が密集し、自然条件と人為的条件に恵まれた文京区に坂道が多いのも納得なのである。「山の手は坂の名で覚

②須藤公園は大名屋敷や品川弥二郎邸を経て所有した須藤家が東京市に寄付して開園

③森鷗外、夏目漱石らが坂上に暮らした団子坂。江戸川乱歩の『D坂の殺人事件』の舞台

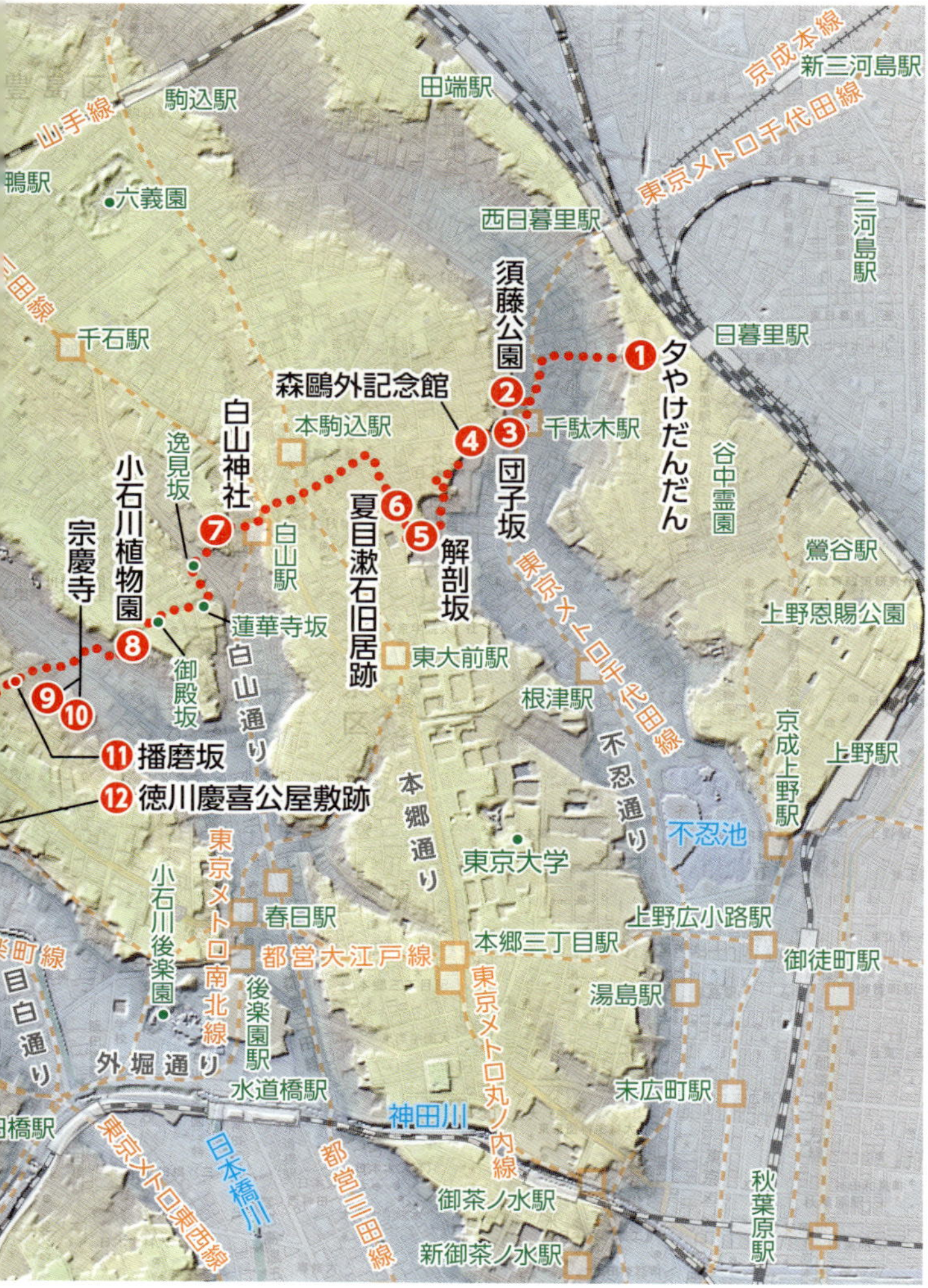
豊島区
駒込駅
山手線
田端駅
京成本線
新三河島駅
東京メトロ千代田線
六義園
西日暮里駅
三河島駅
須藤公園
日暮里駅
千石駅
夕やけだんだん
森鷗外記念館
白山神社
本駒込駅
千駄木駅
団子坂
谷中霊園
逸見坂
小石川植物園
夏目漱石旧居跡
宗慶寺
白山駅
解剖坂
鶯谷駅
蓮華寺坂
上野恩賜公園
御殿坂
東大前駅
白山通り
根津駅
東京メトロ千代田線
播磨坂
徳川慶喜公屋敷跡
不忍通り
京成上野駅
上野駅
本郷通り
不忍池
東京メトロ南北線
東京大学
小石川後楽園
春日駅
上野広小路駅
都営大江戸線
本郷三丁目駅
御徒町駅
目白通り
後楽園駅
湯島駅
東京メトロ丸ノ内線
外堀通り
水道橋駅
末広町駅
神田川
東京メトロ東西線
日本橋川
都営三田線
御茶ノ水駅
秋葉原駅
新御茶ノ水駅

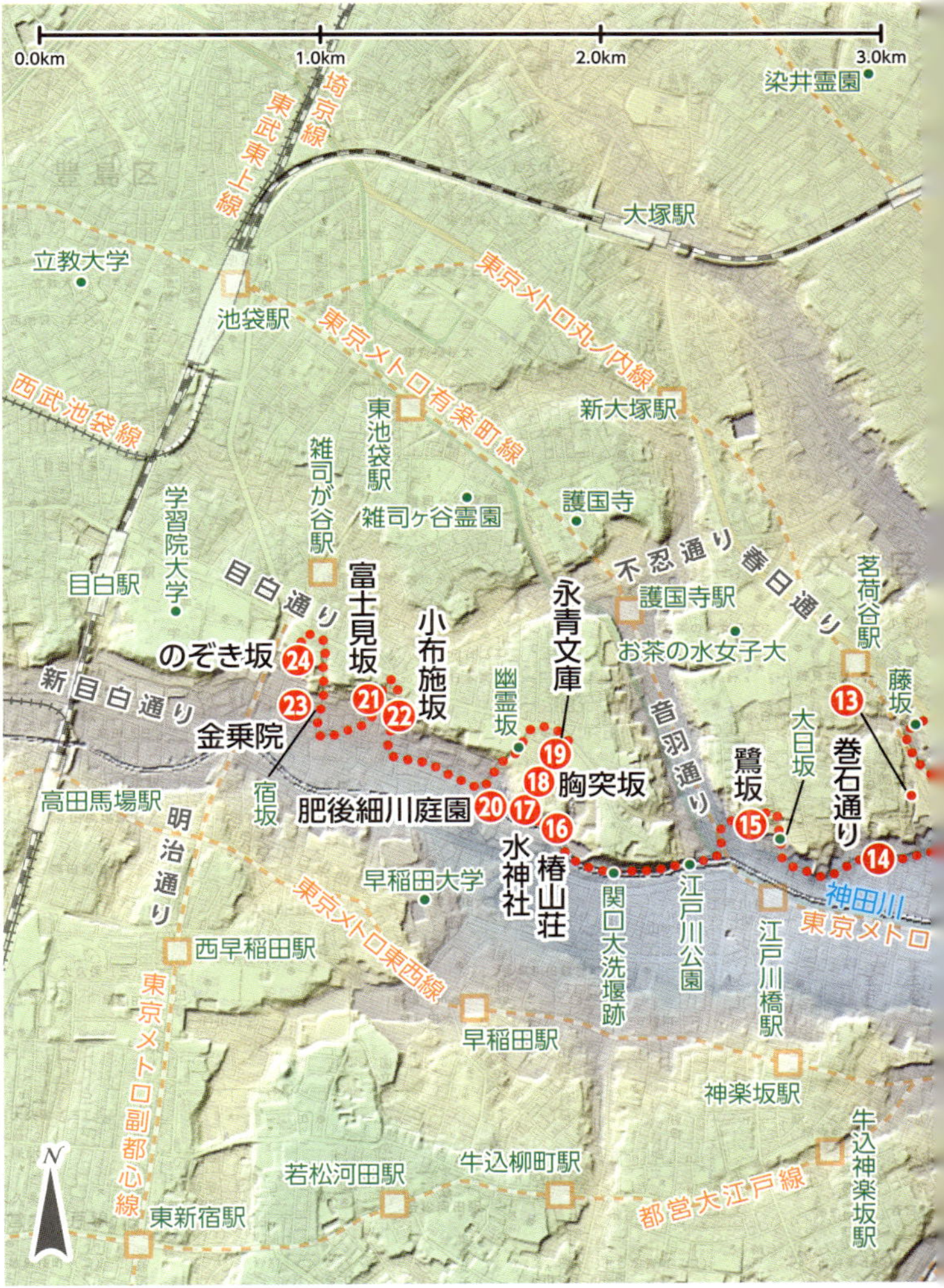

0.0km
1.0km
2.0km
3.0km
染井霊園
埼京線
東武東上線
豊島区
大塚駅
立教大学
池袋駅
東京メトロ丸ノ内線
東京メトロ有楽町線
西武池袋線
新大塚駅
東池袋駅
雑司が谷駅
雑司ヶ谷霊園
護国寺
学習院大学
目白駅
目白通り
富士見坂
小布施坂
永青文庫
不忍通り
春日通り
護国寺駅
茗荷谷駅
お茶の水女子大
のぞき坂
24
新目白通り
23
21
22
金乗院
幽霊坂
13
藤坂
19
音羽通り
大日坂
鷺坂
巻石通り
18
胸突坂
宿坂
高田馬場駅
肥後細川庭園
20
17
16
15
14
明治通り
水神社
椿山荘
早稲田大学
関口大洗堰跡
江戸川公園
江戸川橋駅
神田川
東京メトロ
西早稲田駅
東京メトロ東西線
早稲田駅
東京メトロ副都心線
神楽坂駅
牛込神楽坂駅
N
若松河田駅
牛込柳町駅
都営大江戸線
東新宿駅

④文京区立森鷗外記念館。鷗外の終の住み処となった団子坂上の観潮楼の跡地に建つ

⑥千駄木にある夏目漱石旧居跡。後ろの塀には猫の彫像も。旧居は愛知県の明治村に移築

⑤日本医大裏手、大学図書館の間にある解剖坂。変わった名前だが、魅力的な階段の坂道

⑦岬のように突き出した高台の突端に鎮座する白山神社。石鳥居があるのは東参道だけ

え、下町は橋の名で覚える」という言葉は、なかなか鋭いところをついている。

今回は日暮里《にっぽり》駅北口から歩き出す。御殿坂《ごてんざか》を登り切ったところに突然現れる夕やけだんだんを下り、外国人で賑わう谷中銀座《やなかぎんざ》を抜け、藍染川《あいぞめがわ》の旧河道に発達したよみせ通り商店街を横断。よみせ通りの道がうねっているのは河道だったためである。

細道を通り、須藤《すどう》公園へ。この土地は大名屋敷から長州の品川弥二郎《しながわやじろう》別邸を経て、明治二二年（一八八九）に実業家須藤吉左衛門《きちざえもん》邸となり、吉左衛門歿後の昭和八年（一九三三）に遺族が東京市に寄付して公園になった。藍染川の段丘崖と思われる急斜面と弁天を祀る池が公園に陰翳《いんえい》を与えている。

坂は物語を呼ぶのだろうか。江戸川乱歩《えどがわらんぽ》の探偵小説『D坂の殺人事件』の「D坂」が団《だん》

⑩宗慶寺は家康の愛妾茶阿局の法名に因み、墓碑が境内にある。極楽水でも知られた

⑧小石川植物園は、御薬園などの土地に開園。崖線上の高台や低地の池など変化に富む

⑪播磨坂は、上屋敷があった常陸府中藩主松平家の極官が播磨守だったことに因む

⑨伝通院の前身の寿経寺の故地に宗慶寺が建立されている。葵の紋が徳川家ゆかりを示す

子坂《ござか》を意味することはあまりにも有名である。団子坂はかつての藍染川の谷（不忍《しのばず》通りあたりの低地）に下る坂である。乱歩は団子坂で古書店を営んだこともあり、その体験が作品に結実した。森鷗外も団子坂上を終《つい》の住み処《か》とし、自邸を観潮楼《かんちょうろう》と名づけた。

千駄木《せんだぎ》の家並みを抜け、白山《はくさん》神社をめざした。岬の突端のような位置に鎮座する古社だが、周囲は家が建て込み、地形はわかりづらい。西側に抜ける石段が急なのに驚く。

白山通りを横断し、逸見坂《へんみざか》に入り、すぐに左折。蓮華寺坂《れんげじざか》を登り、御殿坂《ごてんざか》を下る。小石川の植物園、極楽水《ごくらくすい》の宗慶寺《そうけいじ》とたどり、戦後復興の徒花《あだばな》ともいえる五〇〇メートルだけ完成した環状三号通称播磨坂《はりまざか》を登る。昭和三五年（一九六〇）に植樹された桜並木が有名。

春日《かすが》通りを横断して、藤坂《ふじざか》を下り、茗荷《みょうが》

⑫丸ノ内線は、茗荷谷付近でも地上を走るが、写真手前の丘は左右とも徳川慶喜邸だった土地。戦後物納されて大蔵省官舎となったが、敷地を分断する形で丸ノ内線が建設された

谷《だに》の底に下りる。国際仏教学大学院大学は徳川慶喜《よしのぶ》邸跡。裏手に回ると、丸ノ内線が、かつての慶喜邸を切り裂いて走る。慶喜邸前の巻石《まきいし》通りはうねうねと曲がりくねっているが、その理由は、この通りが神田上水の水路だったことによる。小日向《こひなた》の丘の下をできるだけ標高を変えずに神田上水を流すための工夫なのだ。

⑬右は丸ノ内線。左は東京メトロの車両工場だが、茗荷谷の谷底に盛土をして造成

⑭巻石通り。かつて約4～5mの幅で、小日向の山裾を神田上水（白堀）が流れていた

⑮鷺坂。この坂が成立したのは、あたりの久世山が住宅地として開発された大正のころ

⑰神田川のほとりの水神社。上水の恩恵を受けていた神田や日本橋の参詣者が多かった

⑯山縣有朋邸だった椿山荘を駒塚橋から望む。神田上水の大洗堰は少し下流にあった

⑱水神社と関口芭蕉庵の間を抜ける胸突坂。両側には永青文庫や野間記念館などがある

大日坂《だいにちざか》を登り、鷺坂《さぎざか》に下る。音羽《おとわ》通りに出るが、疲れを覚えたらいったん坂道歩きを中断してもいい。東京メトロ有楽町線江戸川橋《えどがわばし》駅は至近だ。

神田川を江戸川公園に沿って西にさかのぼる。園地が細長い帯状なのは、神田川に並行して流れる神田上水の旧水路（埋められた）との間を公園にしたからである。

⑲永青文庫は熊本藩主細川家の重宝を保存・展示。昭和初期の細川家の事務棟を使用

⑳明治以降の細川侯爵家の屋敷の庭園は、文京区立肥後細川庭園として公開されている

㉑正面の分岐の左に下る階段坂が日無坂、右が富士見坂。日無坂は江戸時代には成立していた古くからの坂道だが、右側の富士見坂は昭和初期ごろに造成された新しい坂

㉒実業家の小布施新三郎邸があったことから小布施坂。人名は「おぶせ」、坂名は「こぶせ」

㉓宿坂の下にある金乗院。目白の語源となった目白不動尊の小堂は門を入って右にある

北側の崖が迫り、公園が尽きるあたりに、かつて関《せき》口《ぐち》大《おお》洗《あらい》堰《ぜき》があった。その位置には現在大《おお》滝《たき》橋《ばし》が架かる。古写真（二一七ページ）を見ると、たしかに大滝というにふさわしい景色だ。

山縣有朋邸だった椿《ちん》山《ざん》荘《そう》をすぎると、ほどなく芭《ば》蕉《しょう》の居宅に因む関《せき》口《ぐち》芭《ば》蕉《しょう》庵《あん》。その先に水神社がある。小さな社だが、神田上水が

㉔東京を代表する急坂の一つとして知られるのぞき坂。最大勾配は13度（約230パーミル）に達し、降雪時には車両通行止めになる

通水していたころは神田や日本橋の住民の参詣が多かった。神田上水への御礼参りなのだろう。

かつての新江戸川公園は近年改装され、肥《ひ》後《ご》細《ほそ》川《かわ》庭《てい》園《えん》として蘇った。江戸時代は、高台の目《め》白《じろ》通りあたりまで熊本藩主細川家の下屋敷で、明治以降終戦まで細川侯《こう》爵《しゃく》家の本邸だった歴史がある。

東京の東西方向の谷は、北側の斜面が険しく、南側の斜面がゆるやかだ。これは、日当たりの悪い南側の斜面は、霜などが降りて土壌がいつまでも湿り、崩壊しやすいことに起因するといわれる。この傾向は神田川に顕著である。北側の谷の険しさを象徴するのがのぞき坂だ。この坂は比較的新しい坂道だが、上から見下ろすと、スキー場もかくやと思えるほどの急坂である。

5
日暮里崖線の消えた坂道

歩行距離：10キロ
所要：６時間30分
最寄り駅：上野駅／王子駅

坂道は新しく生まれるばかりではない。消える坂道というのもある。ただし、数はあまり多くはない。一度できた坂道が消えてしまうことは、まずないからだ。しかしその珍しい事例、つまり多数の坂道が消滅した歴史が東京にも存在する。ＪＲの上野～王子に沿った区間である。

その意味を知るためには、上野から北上する京浜東北線に乗り、左の車窓を眺めてみよう。車窓といっても見えるのは八割方擁壁である。そう、王子までの線路はほとんど絶壁に近い角度で切り通された崖下すれすれを走っている。この崖がかつてはゆるやかな斜面で、高台と低地をつなぐ坂道がいくつも走っていたのだ。

では、なぜこの場所に鉄道が敷設されたのか。謎を解く鍵は、線路用地の大部分が、江戸時代は崖雪頽《がけなだれ》とよばれた土地だったことにある。崖雪頽とは崖の斜面の入会地《いりあいち》（集落の共有地）のこと。つまり鉄道は、本郷台地のへり、今でいう日暮里崖線《にっぽりがいせん》の海食崖《かいしょくがい》の斜面下に軌道を敷いたのである。崖雪頽は人家などもなく、いわば無用地に等しかったのだ。買収に際して反対運動も起

①上野の山下に広大な面積を占める上野駅。地形の特性を利用して、ホームは上下２層になっている。貫通式高架線と頭端式（行き止まり）列車線を兼ね備えた独特の構造

きようがない。王子駅から北側の鉄道線路が崖線から離れるのは、飛《あす》鳥《か》山《やま》で崕雪頽が途切れるからであろう。

往時の日暮里崖線の風景は、現在のような断崖ではなく、斜面だった。私設鉄道の日本《にっぽん》鉄道が建設した最初の鉄道線（現在の東北本線）は、崕雪頽のいちばん下に敷設された。崕雪頽の土地に余裕があったから、いちばん

②昭和７年（1932）に完成した現在の上野駅舎。地上２階（一部３階）地下２階の規模

③正面の出札口から入場すると、頭端式ホームが現れる。現在はほとんど使われていない

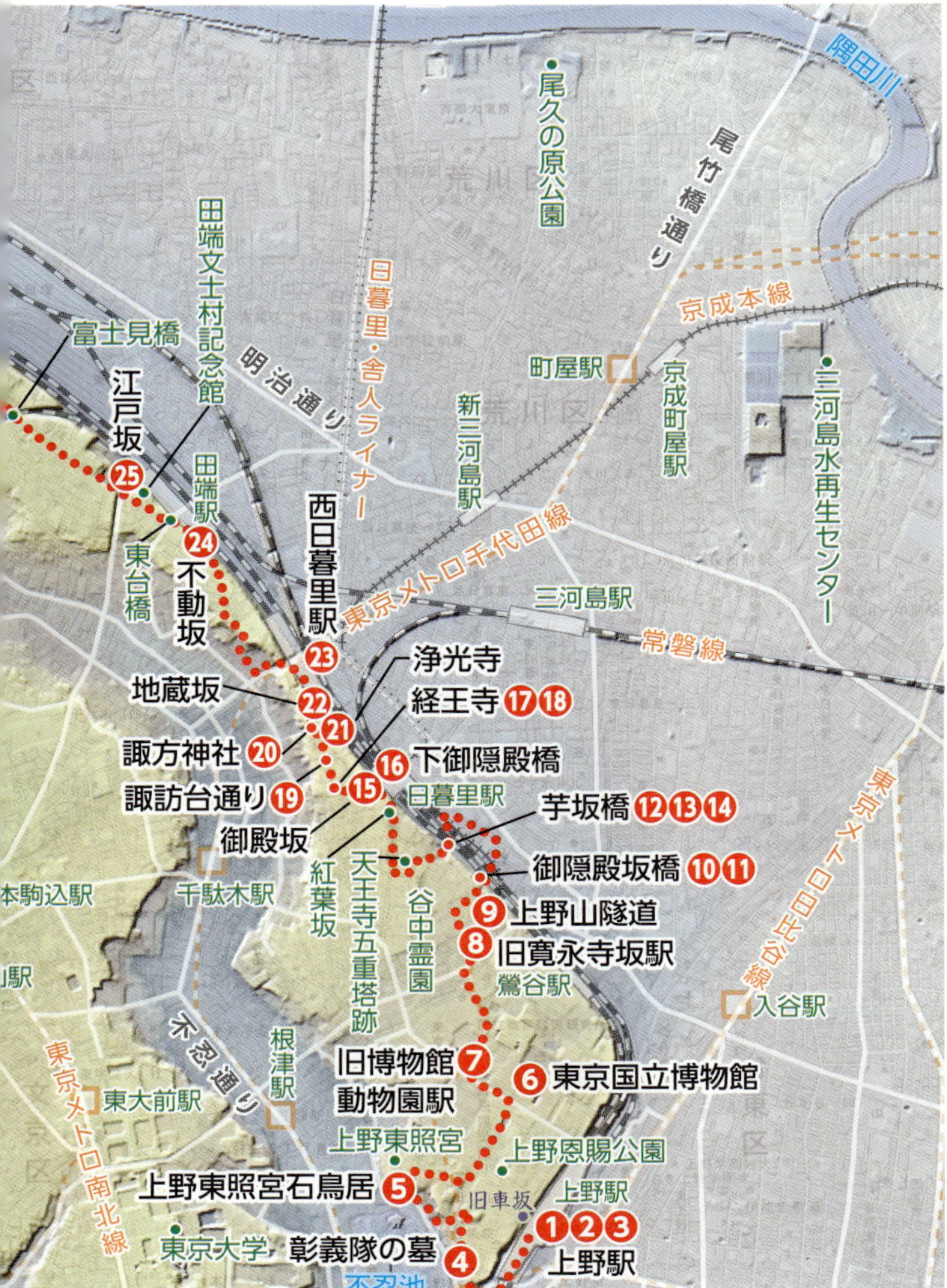
隅田川
尾久の原公園
尾竹橋通り
田端文士村記念館
日暮里・舎人ライナー
京成本線
明治通り
富士見橋
町屋駅
京成町屋駅
三河島水再生センター
新三河島駅
荒川区
江戸坂
25
田端駅
西日暮里駅
東京メトロ千代田線
24
東台橋
不動坂
三河島駅
常磐線
23
浄光寺
地蔵坂
22
経王寺 17 18
21
諏方神社 20
16 下御隠殿橋
諏訪台通り 19
15
日暮里駅
芋坂橋 12 13 14
御殿坂
紅葉坂
御隠殿坂橋 10 11
本駒込駅
千駄木駅
天王寺五重塔跡
谷中霊園
9 上野山隧道
8 旧寛永寺坂駅
東京メトロ日比谷線
鶯谷駅
入谷駅
不忍通り
根津駅
旧博物館 7
動物園駅
6 東京国立博物館
東京メトロ南北線
東大前駅
上野東照宮
上野恩賜公園
上野東照宮石鳥居 5
上野駅
旧車坂
1 2 3
東京大学
彰義隊の墓 4
上野駅
不忍池

0.0km
1.0km
2.0km
3.0km
石神井川
新板橋駅
下板橋駅
板橋駅
北池袋駅
埼京線
飛鳥山公園
30
王子駅
29
旧渋沢栄一邸
28
西ヶ原一里塚
西ケ原駅
平塚神社
上中里駅
蝉坂
27
モチ坂
26
旧古河庭園
西巣鴨駅
染井霊園
駒込駅
山手線
巣鴨駅
六義園
大塚駅
都営三田線
東京メトロ丸ノ内線
千石駅
本郷通り
東洋大学
新大塚駅
東京メトロ有楽町線
白山通り
雑司ヶ谷霊園
護国寺
不忍通り
春日通り
小石川植物園
白山神社
茗荷谷駅
護国寺駅
音羽通り
N

④上野の西郷隆盛像近くには上野戦争で戦死した彰義隊士の墓が建てられている

⑤不忍池から上野東照宮に向かう手前の石鳥居は、江戸城紅葉山の東照宮から移された

⑥東京国立博物館の正面玄関から撮影。博物館は東叡山寛永寺本坊のあった地に建つ

⑦東京国立博物館の西側の石造建築は、地下を通る京成線の旧博物館動物園駅の駅舎

工事のたやすい斜面下に敷設したのである。そのため、斜面には坂道が残り、斜面下の鉄道線路を踏切で横断していた。

日暮里崖線が擁壁の切り通しとなるのは、昭和初期の京浜東北線の線路の増設（田端〜王子）と線路付け替え（上野〜田端）、さらに戦後の山手線・京浜東北線分離運転に伴う線路増設（日暮里〜田端）が大きかった。山側が大きく削られたのである。

そうした知識を胸に、上野駅から歩き出そう。上野駅の見どころは、駅ホームの二層構造である。当初から存在した崖下の地上の頭端式ホームに加え、東京方面からの高架線が上野駅に延伸した大正一四年（一九二五）には、高架ホームが建設される。やがて巨大な複合高架橋となり、ホーム全体が二層構造に発展。高架ホーム完成と相前後して公園口

⑩正面が御隠殿坂橋。左に折れて下るのが御隠殿坂。昭和初期までは踏切で渡っていた

⑧旧寛永寺坂駅は倉庫として使われていた（当時の撮影）。跡地にセブン-イレブンが開店

⑪コンクリートで建設された御隠殿坂橋を線路の東側から撮影

⑨上野山隧道は旧寛永寺坂駅そば。京成社長本多貞次郎の東臺門の扁額が架かる

（それまで車坂《くるまざか》があった。現在の車坂は新たに造成された坂道）が開設され、崖下ばかり向いていた上野駅が高台の上野恩賜《おんし》公園と直結し、立体的な駅構造が完成する。

上野駅から上野恩賜公園へ。公園の地下には京成本線が通っており、台地の北側で地上に顔を出す。廃駅となった博物館動物園駅、寛永寺坂《かんえいじざか》駅の遺構を探しながら東臺門《とうだいもん》の扁額が架かる上野山隧道を見て、谷中《やなか》霊園を右折して御隠殿坂《ごいんでんざか》へ。跨線橋《こせんきょう》の脇に下っているのが本来の御隠殿坂である。跨線橋を越え、道路を左折。建て替え中の羽二重団子《はぶたえだんご》本店脇を入ると芋坂《いもざか》の跨線橋だ。因みに慶応四年（一八六八）の上野戦争では、敗北した彰義《しょうぎ》隊士《たいし》が芋坂を駆け下り、羽二重団子に乱入。刀や槍を縁の下に投げ入れ、野良着に着替えて落ち延びた歴史が伝わる。

⑫芋坂橋は御隠殿坂橋とは対照的に古レールで建設された。線路の西側から撮影

⑬右が芋坂橋。左に下るのが本来の芋坂。昭和初期までは踏切で線路を横断していた

⑭現在の芋坂は、京浜東北線の線路の手前で行き止まりになる。かつては踏切があった

⑮日暮里駅北口から西に延びる御殿坂。彰義隊の武士が落ち延びていった道筋の一つ

芋坂橋から再び谷中霊園に入る。天王寺《てんのうじ》五重塔の遺構をしのび、紅葉坂《もみじざか》から日暮里駅北口へと抜ける。途中の五重塔跡近くに下谷《したや》警察署天王寺駐在所が所在するが、山手線の内側の駐在所はここだけである。

日暮里駅北口から延びる御殿坂《ごてんざか》も芋坂同様彰義隊士の敗走ルートにあたっており、坂に面した経王寺《きょうおうじ》に彰義隊士が潜《ひそ》んだという。

経王寺の先を右折し、道灌山《どうかんやま》の尾根を通る諏訪台《すわだい》通りを一路北上。突き当たりが諏方《すわ》神社だ。江戸時代の諏訪台は眺望にすぐれていたこともあってちょっとした行楽地だった。ことに花見の時期は八重桜の名所として花見客で溢れかえった。厄除けなどの願を掛けて、崖下への土器《かわらけ》投げが有名だったという。神社の別当寺だった浄光寺《じょうこうじ》は雪景色がひときわ美しいということで雪見寺《ゆきみでら》と呼ばれた。

⑯日暮里駅北口の下御隠殿橋からは、雄大な崖線を眺めることができる。線路を増設した際に傾斜地を削って用地を捻出したため、多数あった坂道が消えて断崖になってしまった

浄光寺の地蔵尊に因む地蔵坂《じぞうざか》を下り、線路下を地蔵坂ガードで坂下に抜ける。西日暮里駅をすぎ、再び道灌山の台地へ。田端《たばた》駅南口の不動坂《ふどうざか》は、かつてはずっと坂下へとつづいていたはずだが、現在はわずか三〇メートルにも満たない石段だ。

陸橋の東台橋《とうだいばし》で田端駅前通りを渡る。その先、右に江戸坂《えどざか》が分岐するが、そのまま田端

⑰御殿坂に面して建つ経王寺。敗れた彰義隊士が隠れたため、新政府の攻撃を受けた

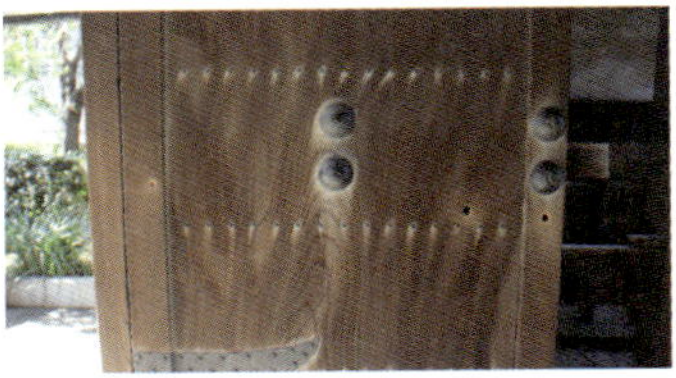

⑱天保7年（1836）建立の山門には、銃撃を受けた弾痕が残り、戦闘の激しさを物語る

⑲御殿坂を登り、右に折れると諏訪台通り。北の諏方神社までつづく尾根の道である

⑳江戸時代は土器（かわらけ）投げで知られた諏方神社。新堀（日暮里）・谷中の総鎮守

㉑諏方神社の隣の浄光寺には、江戸六地蔵として有名な地蔵尊が安置されている

㉒西日暮里駅方面へと下りる地蔵坂は浄光寺の地蔵尊に因む。浄光寺は雪見寺と呼ばれた

高台通りを歩き、山手線を富士見橋《ふじみばし》で越え、さらに五〇〇メートルほど歩いた先に、モチ坂がかつてあった。往時の坂道は、斜面をつづら折りで下っていた。鉄道開通当初は踏切だったが、大正五年（一九一六）の田端操車場開業とともに跨線橋ができた。ところが昭和初期の線路増設に伴い斜面を削られ、坂道は消失。斜面を削り取られた下は目も眩《くら》む断崖で、京浜東北線が行き交っている。

崖の縁を歩いていくと、上中里《かみなかざと》駅に出る。ここから延びる蝉坂《せみざか》は平塚《ひらつか》神社脇の小さな細道だったが、戦時下に拡張されて上中里駅前から延びる大通りになった。

ここからは、尾根道の本郷通りを歩く。日《にっ》光《こう》御成道《おなりみち》と呼ばれ、将軍の日光社参に使う格式高い街道だった。最後に訪ねた飛鳥山で上野からつづく鉄道脇の崖線は途切れる。

㉓西日暮里駅前の線路沿いは、終戦直後に迷い込んだかのような不思議な景色が展開

㉔田端駅南口の不動坂。不動明王像が安置され、不動の滝があった。像は田端3丁目に遷座

㉕田端駅北口から延びる江戸坂。田端から江戸に向かうことから名づけられたらしい

㉖京浜線の増設で傾斜地が削られ、完全に消失したモチ坂。断崖下を京浜東北線が往来

㉗上中里駅前で途切れる蝉坂ももとは下に延びていた。道路は昭和18年（1943）に拡幅

㉘道灌山を通る日光御成道に残る西ヶ原一里塚。道路中央に残る一里塚と対になっている

㉙飛鳥山の渋沢栄一邸は空襲でほとんど焼失したが、かろうじて焼け残った晩香廬

㉚王子駅前に建つ北とぴあから飛鳥山公園を撮影。細長く南北に延びた地形がよくわかる

2 東京南部の地形を歩く

六八ページ以降の重ね地図のベースも土地条件図である。田町《たまち》駅と品川の間、高輪《たかなわ》ゲートウェイの新駅が開設される場所は、かつての品川操車場跡地だ。この土地を造成するための土砂は、大井町《おおいまち》駅北西の丘を削って建設された鉄道院の大井工場の余土を運んだ。この図でも帯状に延びる台地が大井町駅の北西で分断されている様子がわかるが、これが痕跡である。そのすぐ左上、東西方向に一直線にきれいな谷が一キロ以上延びているが、この谷に立地するのが戸《と》越銀座《ごしぎんざ》である。

目黒川の谷は広く、その谷を直線状に目黒川が流れている。古写真や古地図を見ると、もとの目黒川は、川底は浅く、せせらぎと呼びたくなるような流れだった。のたうち回るように曲がりくねって水が流れていた。

目黒川の谷は、川に南面する北側斜面が崖というほかない急傾斜であるのに対し、南側はゆるやかな斜面である。これは目黒川にかぎった話ではなく、東西方向に河谷が広がる神田川などにもいえることだ。『東京の自然史』などの著作がある地形学者の貝塚爽平《かいづかそうへい》は、以下の説を唱える。曰く、東京の地盤に厚く堆積した関東ローム層は火山灰なので、水を多く含み、崩落しやすい。寒い季節になると、日当たりが悪い北に向いた斜面は土中の水分により、霜柱が形成される。日中霜柱が解けて崩れると、土がずり落ちていく。一方、直射日光が当たる北側斜面は土が乾いており、霜柱ができにくい。険しい斜面はそのままの状態が保たれる。両者の違いが多年の間に「非対称谷」と呼ばれる、河谷の両側で大きく印象の異なる地形が生じたというのだ。

　渋谷川の下流部である古川《ふるかわ》は、舌状に北に延びた三田《みた》の台地に阻まれたため、溢水《いっすい》には古くから悩まされた。そのため江戸時代中期までに古川の拡幅や浚渫《しゅんせつ》、土手の建設が行われている。古川に川船が浮かぶ江戸時代の錦絵の絵柄は、治水事業を通じて古川が運河化されたことを示している。

　開渠で流れているのは、古川（渋谷川下流）、目黒川、呑川《のみかわ》の下流ぐらいで、それ以外は地上から姿を消した。緑道や遊歩道として明確な河跡がたどれるものを点線で表記している。

　埋立地の中に飛び石のように島状の土地が四つ存在している。これはペリーの黒船来航後に急いで築造した台場《だいば》（砲台）である。現在はいずれも陸地に取り囲まれているが、海岸に隣接して築かれた御殿山《ごてんやま》下《した》台場は周囲がそのまま小道になっており、輪郭をたどることができる。また天王洲《てんのうず》の一部になった品川台場の第四台場（四番台場）の北側と東側は台場の石垣が露出し、一部は遊歩道になっている。

■重ね地図凡例

山地斜面等……………
台地・段丘
　更新世段丘………
　完新世段丘………

低地の微高地
　自然堤防…………
　砂州・砂堆・砂丘…
凹地・浅い谷…………
低地の一般面
　谷底平野・氾濫平野

人工地形
　台場………………
　明治以降の海水面の
　　埋立地…………
　切土地……………
　盛土地・埋立地……

古川
目黒川

東五反田
北品川
南品川
西五反田
1 : 40,000
0
1000m

港区
西麻布
南麻布
北里大
日赤医療セ
聖心女大
自然教育園
白金
白金台
高輪
高輪大木戸跡
三田
慶大
芝公園
浜松町
新橋
慈恵医大
東海道本線
芝浦
港南
港南大橋
水上警察署
貨物線
火力発電所
東京海洋大
しながわ
東五反田
西五反田
北品川
東品川
立正大
大崎
おおさき
品川区
沢庵墓
戸越
西品川
広町
JR工場
南品川
おおいまち
1 : 40,000
0
1000m

北沢
東海大
神南
神宮前
NHK
神山町
東大先端科学技術研究センター
京王帝都井の頭線
東大(教)
世田谷区
駒場
渋谷区
国学院
代沢
池尻
大橋
青葉台
猿楽町
三宿
大橋JCT
東山
首都高速
太子堂
上目黒
なかめぐろ
昭和女大
世田谷公園
三軒茶屋
養護学校
祐天寺
ゆうてんじ
中目黒
下馬
五本木
野沢
放送大
中町
中央町
目黒区
国立第二病院
東が丘
がくげいだいがく
青木昆陽墓
目黒不動
柿の木坂
鷹番
小山台
目黒本町
碑文谷
八雲
星薬大
むさしこやま
原町
とりつだいがく
平町
南
荏原
小山
中根
自由が丘
洗足
西中延
緑が丘
大岡山
せんぞく
昭和大
旗の台
東急大井町線
中延
ゆうがおか

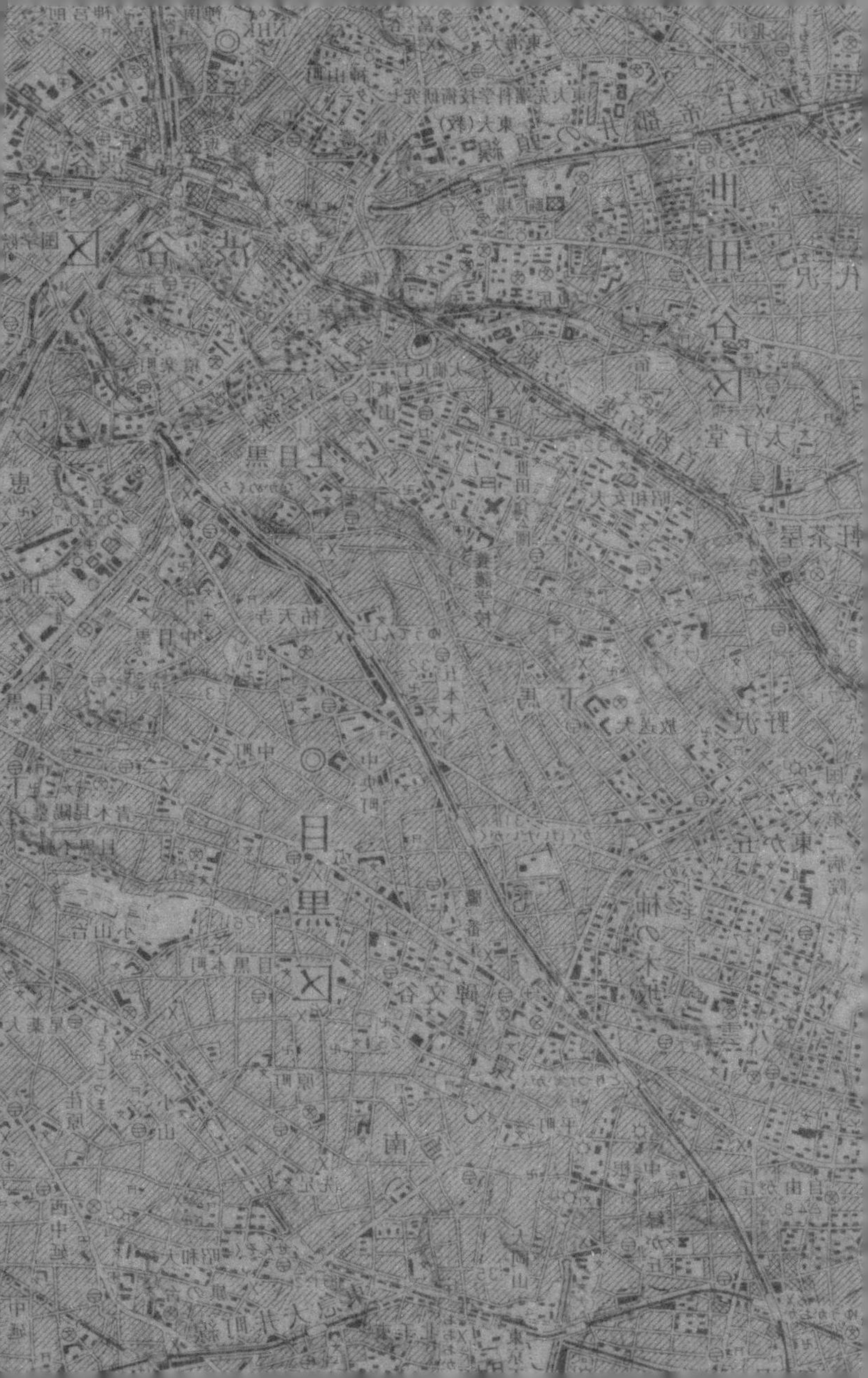

上目黒
中目黒
祐天寺
目黒
碑文谷
目黒本町
下馬
野沢
柿の木坂
八雲

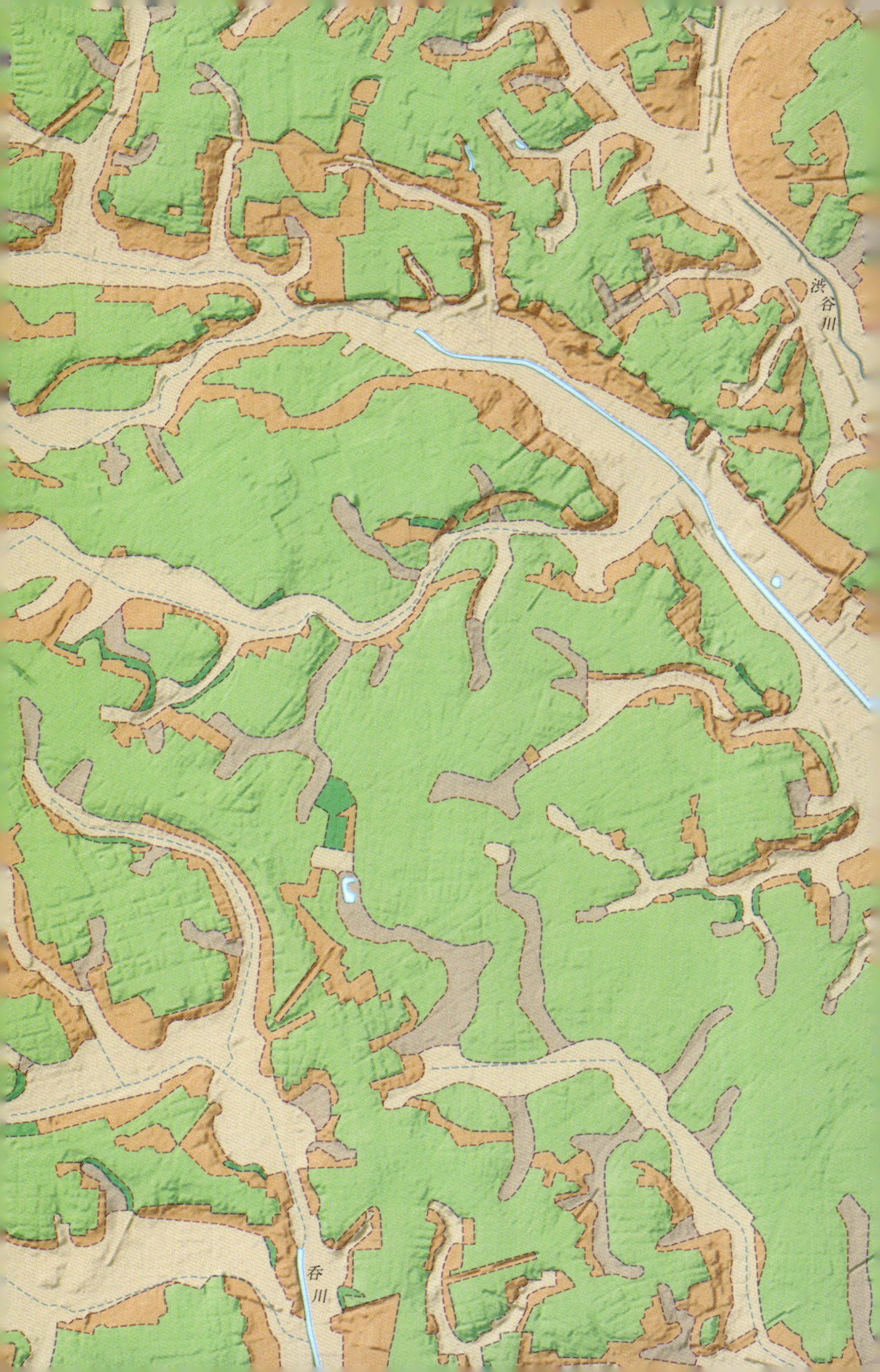
渋谷川
呑川

6 愛宕山から増上寺へ「山」探訪

歩行距離：3キロ
所要：2時間
最寄り駅：神谷町駅／大門駅・浜松町駅

特徴的な明神《みょうじん》鳥居《とりい》と急な石段。愛宕《あたご》神社参道の景色は幕末の時代からあまり変わっていない。脇になだらかな女坂《おんなざか》もあるが、真正面の男坂《おとこざか》を登る人がほぼ全員である。

愛宕山《あたごやま》の標高は約二六メートル。本家京都の愛宕山（九二四メートル）とは比べものにならないが、いちおう自然の山で、京都の愛宕山同様、勝軍地蔵《しょうぐんじぞう》が祀られていた。眺望のよさで知られたが、現在は高層ビルが林立。もはや樹木を伐ったところで眺望は還ってこない。急な石段は、地形を記憶する唯一の装置なのかもしれない。

山頂部に建つ放送博物館は、大正一四年（一九二五）に開業した東京放送局（ＮＨＫの前身）の局舎跡である。戦前の都心では、霞ヶ関《かすみがせき》にあった海軍省庁舎と東京放送局の二つが高い鉄塔として有名だった。東京放送局には、高さ四五メートルの自立式三角鉄塔二基があり、両者の間にアンテナ線が張られていた。東京タワーや名古屋のテレビ塔などで有名な内藤多《ないとうた》仲《ちゅう》の設計だった。

①今では外国人観光客の人気も高い愛宕神社の男坂。石段と鳥居は江戸期のもので、幕末に撮影された古写真とほとんど変わっていない。右に折れていくのがゆるやかな女坂

④愛宕山放送所跡に建てられたNHK放送博物館。かつて送信塔が2基建っていた

②徳川家ゆかりの神社らしく、神紋や提灯にも葵の紋があしらわれている

⑤昭和5年（1930）に開通した愛宕隧道。総延長76.6mで幅員9m。現在は一方通行路

③愛宕山山頂には三角点もある。実際の三角点は標柱手前の金属蓋の中に収められている

⑥慈恵医大病院F棟は、昭和5年（1930）に皇室下賜金および篤志家の寄付で竣工

⑦芝公園のこども平和塔。全国の小中学生の献金で昭和29年（1954）に建立された

⑧弁天池。昭和30年代までは10倍近い広さがあり、池の中央に弁財天の祠があった

博物館の脇に設置された愛宕山エレベーターで下界に降りる。高所恐怖症の人だと恐怖すら感じるほどの開放的なエレベーターである。

愛宕神社前の都道を南へ。西側は愛宕山からつづく山稜に境内がある青松寺《せいしょうじ》の山門、東側は慈恵《じけい》医大病院。御成門《おなりもん》中学校前歩道橋を渡り、左折して芝《しば》公園四号地へ。こども平和塔が立つ四号地には、戦前は高さ約一五メートルの佐渡丸《さどまる》遭難記念碑が聳《そび》えていた。

芝公園は、一号地から二五号地まであった。二代将軍徳川秀忠の台徳院霊廟《たいとくいんれいびょう》や東照宮《とうしょうぐう》、五重塔（焼失）があった一角が一号地、増上寺《ぞうじょうじ》の伽藍《がらん》があった場所が二号地、徳川家霊廟があったのが三号地とされ、かつて子院《しいん》や学寮が並んでいた周辺の土地が四号地から二五号地にな

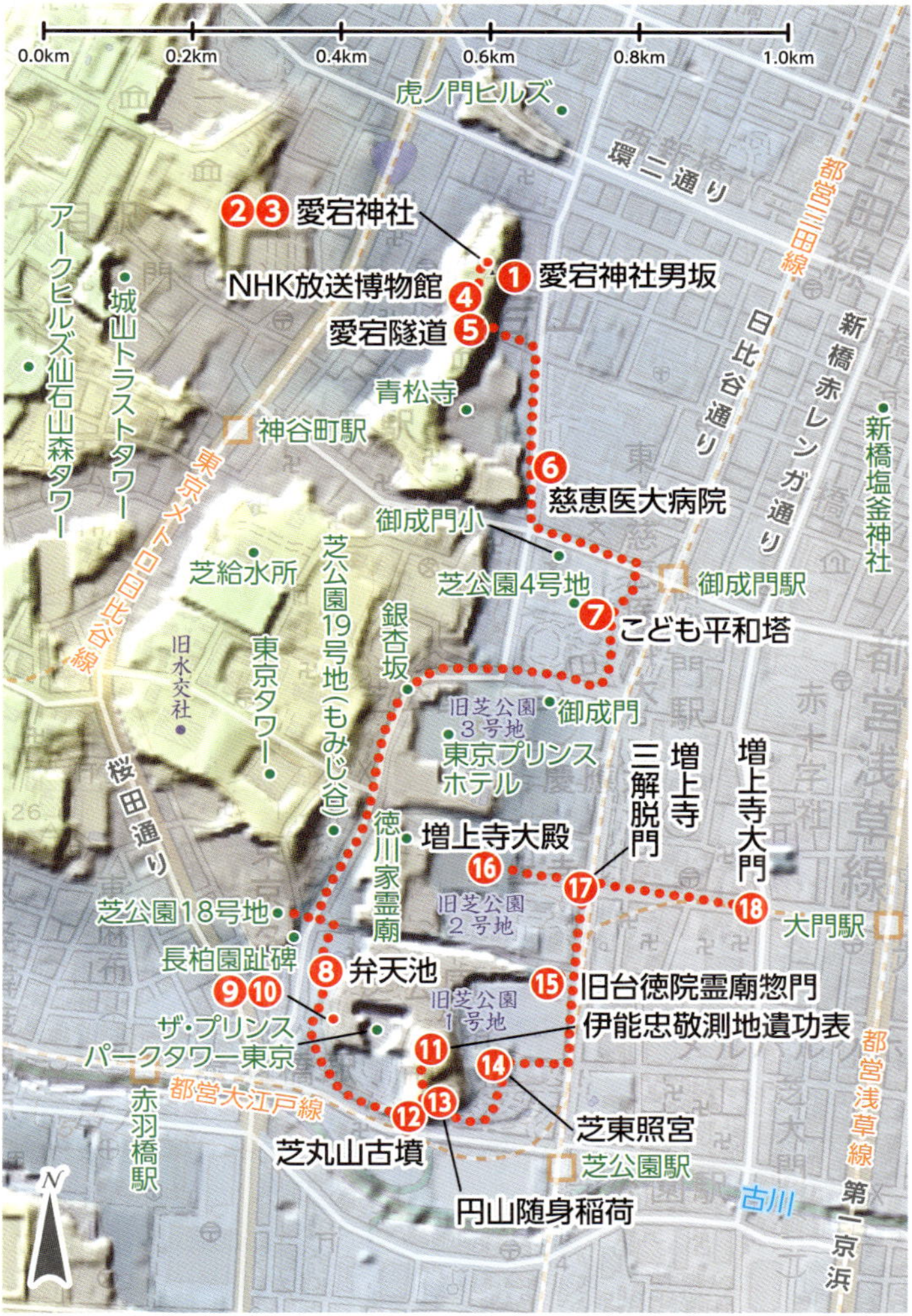
0.0km
0.2km
0.4km
0.6km
0.8km
1.0km
虎ノ門ヒルズ
環二通り
都営三田線
2 3 愛宕神社
1 愛宕神社男坂
NHK放送博物館 4
愛宕隧道 5
青松寺
アークヒルズ仙石山森タワー
城山トラストタワー
神谷町駅
東京メトロ日比谷線
日比谷通り
新橋赤レンガ通り
新橋塩釜神社
6 慈恵医大病院
御成門小
芝公園4号地
御成門駅
7 こども平和塔
芝給水所
芝公園19号地(もみじ谷)
銀杏坂
旧水交社
東京タワー
旧芝公園3号地
御成門
東京プリンスホテル
三解脱門
増上寺
増上寺大門
都営浅草線
桜田通り
徳川家霊廟
増上寺大殿
16
17
18
旧芝公園2号地
大門駅
芝公園18号地
長柏園跡碑
8 弁天池
9 10
15 旧台徳院霊廟惣門
旧芝公園1号地
ザ・プリンスパークタワー東京
伊能忠敬測地遺功表
11
14
都営大江戸線
赤羽橋駅
12 13
芝東照宮
芝丸山古墳
芝公園駅
古川
円山随身稲荷
第一京浜

緯から、現在の芝公園は、ドーナツ状に公園が点在する特異な状態となった。それでも園地は三万七〇〇〇余坪ある。

銀杏《いちょう》坂《ざか》を登り、一九号地のもみじ谷を目指したが、あいにく整備中で立入できず、隣の一八号地の児童遊園へ。ここの道路脇に、芝公園などの造園で名を成した長《なが》岡《おか》安《やす》平《へい》邸だったことを示す長《ちょう》柏《はく》園《えん》趾《あと》の碑が立つ。この公園からは東京タワーの眺めが良い。因みに戦前は東京タワーの土地も芝公園（二〇号地）で、料亭が建っていた。

徳川将軍家の菩提寺となっていたのが、増上寺である。境内には、古墳だったといわれる丸《まる》山《やま》と観《かん》音《のん》山《やま》、いちばん北に地《じ》蔵《ぞう》山《やま》があった。地蔵山と観音山は消滅し、山内に残るのは丸山だけとなった。とはいえ、増上寺の西側に回ると山丘の高まりの痕跡は残っている。

増上寺の南にあった丸山は標高二三メートル。増上寺山内で最も高い土地だった。あまり山とは意識されないが、標高でいえば、ほぼ愛宕山に匹敵する。この丘には芝丸山古墳という前方後円墳が築かれていた。後代の破壊が著しいが、それでも全長一〇〇メートル以上という巨大な墳丘だった。

⑨台徳院霊廟のあった場所は、ザ・プリンスパークタワー東京やバラ園などに変貌

⑩増上寺の西側は、愛宕山から小高い丘がつづいていた面影を残している

⑪伊能忠敬測地遺功表は、忠敬の測量の起点が高輪大木戸だったことに因んで建立

⑫芝丸山古墳。前方後円墳というが、墳頂部や後円部の西側は削られて原形をとどめない

⑬増上寺の本尊に随ってきた円山随身稲荷。増上寺の裏鬼門（南西）に鎮座し、鎮守だった

⑭芝東照宮。御神体の徳川家康の寿像（非公開）は、家康の生前の面貌を写している

⑮台徳院（徳川秀忠）霊廟の惣門。昭和34年（1959）、原位置から45m東に移築された

⑯東面して建つ増上寺大殿。明治維新後数度の火災に遭い、昭和49年（1974）の再建

⑰増上寺の三解脱門。大造営当初の面影を残す唯一の古建築。元和8年（1622）の完成

⑱増上寺表門の大門は昭和12年（1937）、旧大門の意匠を踏襲し1.5倍の大きさで再建

7

高台と谷が織りなす麻布巡り

歩行距離：5キロ
所要：3時間
最寄り駅：神谷町駅／広尾駅

それは衝撃的な風景だった。ビルや家屋の並んだ普通の町が丸ごとゴーストタウンになり、重機がうなりを上げて、黙々と家屋や土台を解体している。ここは、廃村でも限界集落でもない。都会も都会、港区の我善坊谷《がぜんぼうだに》の光景である。

我善坊谷といえば、二代将軍秀忠の正室であるお江《ごう》こと崇源院《すうげんいん》が荼毘《だび》に付された場所だといわれる（現在の六本木にある深廣寺《しんこうじ》の場所だったともいう）。崇源院の冥福を祈った龕前堂《がぜんどう》（荼毘所）がここにあり、それがいつしか我善坊に転化したというのだ（異説あり）。江戸時代、将軍とその正室のうち、火葬された人物は崇源院ただひとりで、その理由は今なお謎に包まれている。

階段状の三年坂《さんねんざか》を一歩ずつ上がる。谷を実感する瞬間だが、あと数年で周囲の高台との標高差が一〇メートル以上あった我善坊谷は埋められ、「高台」へと変容する。

外苑東通りに出て、北西に歩く。麻布《あざぶ》郵便局が入っていた旧逓信省《ていしんしょう》貯金局庁舎は、昭和五

①家屋の解体が進む我善坊谷。取材当日も重機が２台、家屋のあった場所の土台を掘り起こして、徹底的に更地にする作業を繰り返していた

年（一九三〇）に完成した堂々たる建物だが、いずれ高さ約三三〇メートルのビル（地上六五階地下三階）が建つ予定だ。

今は港区とひとくくりにされているが、昭和二二年（一九四七）に現在のかたちとなるまで、港区の区域は、芝《しば》区・麻布区・赤坂区の三区に分かれていた。この旧三区の地形は対照的である。いちばん東に位置する芝区は、おもに台地の縁から東の低地沿岸部を占め、いちばん西側の赤坂区は大部分が台地上だった。芝区と赤坂区にはさまれた麻布区は、台地の中に深い谷がいくつも入り組み、都心部でいちばん複雑な地形を呈していたと言っても過言ではない。高台と谷底、その間の崖や坂道が織りなす陰翳《いんえい》が、山手と下町が渾然一体となった麻布独特の風土を生んだ。

七〇〇メートルほど歩いて、鳥居坂《とりいざか》へつづ

神谷町駅
1 我善坊谷
2 三年坂
3 ロシア大使館
4 狸穴坂
5 旧逓信省貯金局
6 外務省飯倉公館
7 六本木ロアビル
8 鳥居坂
東京メトロ日比谷線
東洋英和女学院小学部
日本銀行鳥居坂分館
オランダ大使館
芝給水所
旧水交社
東京タワー
麻布十番駅
都営大江戸線
オーストリア大使館
赤羽橋駅
古川
麻布十番駅
善福寺
日向坂
麻布通り
三田共用会議所
オーストラリア大使館
イタリア大使館
桜田通り
東京メトロ南北線
慶應義塾大学
都営三田線
港区

0.0km
0.4km
0.8km
1.2km
六本木ヒルズ
けやき坂
9
六本木通り
さくら坂公園
12
10
中国大使館
東京メトロ日比谷線
北条坂
暗渠道
13
宮村児童遊園
11
蟇池
一本松
スイス大使館
外苑西通り
アルゼンチン大使館
ノルウェー大使館
聖心女子大学
有栖川宮記念公園
14
仙台坂
韓国大使館
広尾駅
15
ドイツ大使館
南部坂
フィンランド大使館
ニュー山王ホテル
渋谷川
明治通り
16
青木坂
天現寺橋
17
フランス大使館
古川
N

②三年坂から見た我善坊谷。昭和5年（1930）に逓信省貯金局として竣工した左奥の旧麻布郵便局の建物の地盤と同じ高さにする計画。10ｍ余の土が盛られて、この谷は姿を消す

⑤麻布郵便局の入っていた建物はもうすぐ解体され、高さ330ｍのビルに生まれ変わる

③狸穴のロシア大使館。麻布界隈の中でも警備の警官の数は群を抜いている

⑥外交史料館がある外務省飯倉公館。吉田五十八の設計で昭和46年（1971）に完成した

④狸穴坂は、坂下に「まみ」（タヌキやアナグマなど）の巣穴があったことに因むとか

⑨湧水に恵まれた藪下の谷を埋めて造成された六本木ヒルズのけやき坂付近

⑦六本木を象徴する建物だったロアビル。耐震性に問題ありとされてもうすぐ姿を消す

⑩藪下の谷の痕跡。石段の小道はもっと下に延びていたが、盛土で一部を残すのみ

⑧鳥居坂。坂上にはかつて皇族や華族、顕官、財閥の屋敷が並んでいた

く道に入る。耐震性不足から解体が決まっているロアビルから南は更地の状態（コインパーキング）。おそらくここも将来の大規模再開発用地になるのだろう。その先は東洋英和女学院小学部。ここは明治から戦前にかけて、鳥居坂御用邸や李王世子《りおうせいし》邸、東久邇宮《ひがしくにのみや》若宮《わかみや》邸だった場所。その隣の「鳥居坂分館」だけ書かれた門柱は日本銀行の所有地。ここは元公家の三條《さんじょう》公爵邸だった。

鳥居坂を下り、環状三号（都道三一九号）を歩いて六本木ヒルズに向かう。六本木けやき通りは、旧宮村町《みやむらちょう》の藪下《やぶした》の谷を埋めたあとに造成された坂道で、レジデンス棟のある場所は谷底だった。この谷には、江戸から明治にかけ、豊かな湧水を利用した金魚の養殖池が多数あった。江戸時代は、家禄が少ない旗本の内職だったという。

⑪旧西町の高台から見下ろす旧宮村町の谷。六本木ヒルズや東京ミッドタウンの超高層ビルが背後に聳える

⑫旧長府藩邸に建てられていた乃木大将生誕之地碑だが、現在はさくら坂公園に移転

⑬暗渠の細道が残る元麻布２丁目。左の坂上には、かつて安場保和男爵邸が建っていた

六本木けやき通りからレジデンス棟を回り込むように延びるさくら坂へ。この坂も藪下の谷を埋めて造成した坂道。かつてはこの地盤の下に、さくら坂よりずっと急な玄碩坂《げんせきざか》という坂道が存在した。

子供たちの歓声が響くさくら坂公園には、乃木大将生誕之地碑が立つ。現在の六本木ヒルズはかつての旧長府《ちょうふ》藩上屋敷。池のほと

⑭有栖川宮記念公園の池。庭園の原型は、明治以前の盛岡藩南部家下屋敷と思われる

⑯フランス大使公邸脇にある青木坂。坂の北側に旗本青木家下屋敷があったことに因む

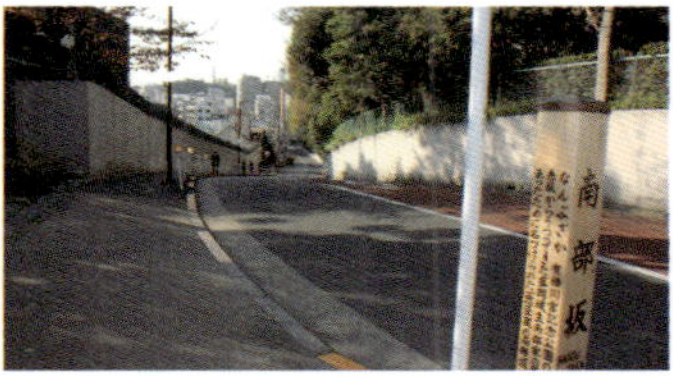

⑮有栖川宮記念公園とドイツ大使館の間の南部坂。盛岡藩南部家下屋敷に因んだ坂名

⑰ニュー山王ホテル。千代田区にあった山王ホテルの代替施設として建てられた米軍施設

りには、乃木希《まれ》典《すけ》がこの藩邸で誕生したことを記念して、乃木大将生誕之地碑と「乃木大将と辻《つじ》占《うら》売《うり》少年像」が建てられていたが、ヒルズ造成に伴い、生誕地と関係ないこの地に移されたのだ。銅像は乃木坂の旧乃木邸に移設されている。

暗渠《あんきょ》道を抜け、宮村児童遊園脇から高台に上がる。谷底の家並みの先に、六本木ヒルズや東京ミッドタウンが聳えている。陰翳に富んだ麻布を象徴する景色だ。

その後、有《あり》栖《す》川《がわの》宮《みや》記念公園の高低差を利用した庭園を満喫した後、ドイツ大使館脇の南部坂とフランス大使公邸脇の青《あお》木《き》坂《ざか》を経て、一般日本人が泊まれないニュー山《さん》王《のう》ホテルの前を天《てん》現《げん》寺《じ》橋《ばし》まで歩く。西から流れてきた渋谷川は、この橋のたもとで笄川《こうがいがわ》（暗渠）と合流して古《ふる》川《かわ》と名を変える。

8 城南五山を東から西へ

歩行距離：7・5キロ
所要：４時間30分
最寄り駅：品川駅／目黒駅

いかにも格式のありそうな名前だが、城南五山《じょうなんござん》の名が世間に知られるようになったのは二一世紀になってからである。歴史用語でも地学用語でもなく、不動産業界の「ニーズ」に沿った、高級感を醸す惹句《じゃっく》にすぎない。とはいえ城南五山を構成する八ツ山《やつやま》・御殿山《ごてんやま》・島津山《しまづやま》・池田山《いけだやま》・花房山《はなぶさやま》の歴史を探ることは、品川区の興味深い歴史の一端をひもとくことでもある。

品川駅一番線ホームにある鉄道発祥の地タイル。これも城南五山に関係している。そこに描かれた怪獣らしきシルエット。品川駅近くの八ツ山陸橋が「ゴジラ上陸の地」とされており、その関連なのだろう。ゴジラと似ても似つかない姿をしているのは、版権の関係か。ただし八ツ山という山はもはや存在しない。往時は花見の名所だったというが、海辺の石垣整備や目黒川洪水の復旧工事などで土砂が採取され、さらに鉄道建設で切り通しとなり、陸橋の名前に痕跡をとどめるのみとなった。では八ツ山が城南五山の一つに含まれるのはなぜか。これはおそらく八ツ山に連なる高台に所在する開東閣《かいとうかく》の印象によるところが大きい。開東閣は、三菱財閥

①品川駅1番線ホームにある鉄道発祥の地タイル。怪獣らしきシルエットが描かれている

②道路沿いを京急線が並走する八ツ山陸橋。かつてこのあたりに八ツ山があった

③八ツ山の印象を伝える「開東閣」（非公開）。伊藤博文や岩崎彌之助邸だった歴史がある

④御殿山トラストシティの庭園が窪んでいるのは台場築造の土取場だったためだという

二代目の岩崎彌之助（創業者岩崎彌太郎の実弟）邸を三菱の迎賓館としたものである。さらに時代をさかのぼれば、伊藤博文邸で、明治天皇の臨幸を仰いだこともある。本来の八ツ山からは少し離れた、緑に包まれた開東閣の風格が、現在の八ツ山の印象を作っているといって過言ではない。

八ツ山を後に御殿山に向かう。言葉の響きがいいのか、御殿山という名称のマンションは、本来の御殿山から遠く離れた品川区東《ひがし》五反田《ごたんだ》まで分布している。御殿山の語源は、三代将軍徳川家光が好んだ品川御殿だが、御殿があったのは、御殿山トラストシティから鉄道を越えた東側の丘にかけて。八ツ山同様、幕末の品川台場《だいば》築造に伴う土取や明治の鉄道工事で大きく変貌した。

島津山は、薩摩《さつま》藩主だった島津公爵家が所

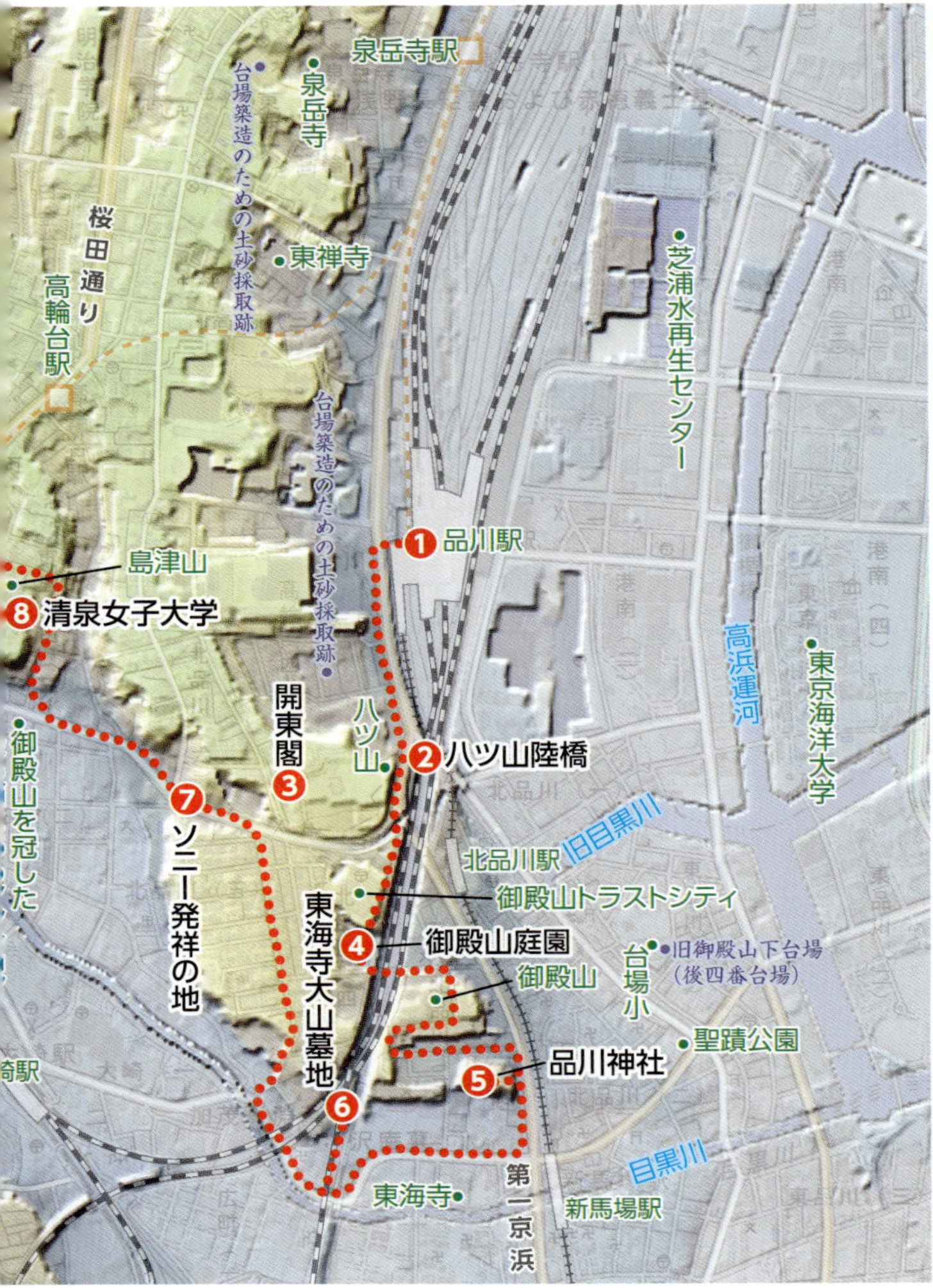

泉岳寺駅
泉岳寺
台場築造のための土砂採取跡
東禅寺
桜田通り
高輪台駅
芝浦水再生センター
台場築造のための土砂採取跡
1 品川駅
島津山
8 清泉女子大学
開東閣
3
八ツ山
2 八ツ山陸橋
高浜運河
東京海洋大学
御殿山を冠した
7 ソニー発祥の地
北品川駅
旧目黒川
御殿山トラストシティ
東海寺大山墓地
4 御殿山庭園
台場小
旧御殿山下台場（後四番台場）
御殿山
聖蹟公園
5 品川神社
6
第一京浜
目黒川
東海寺
新馬場駅

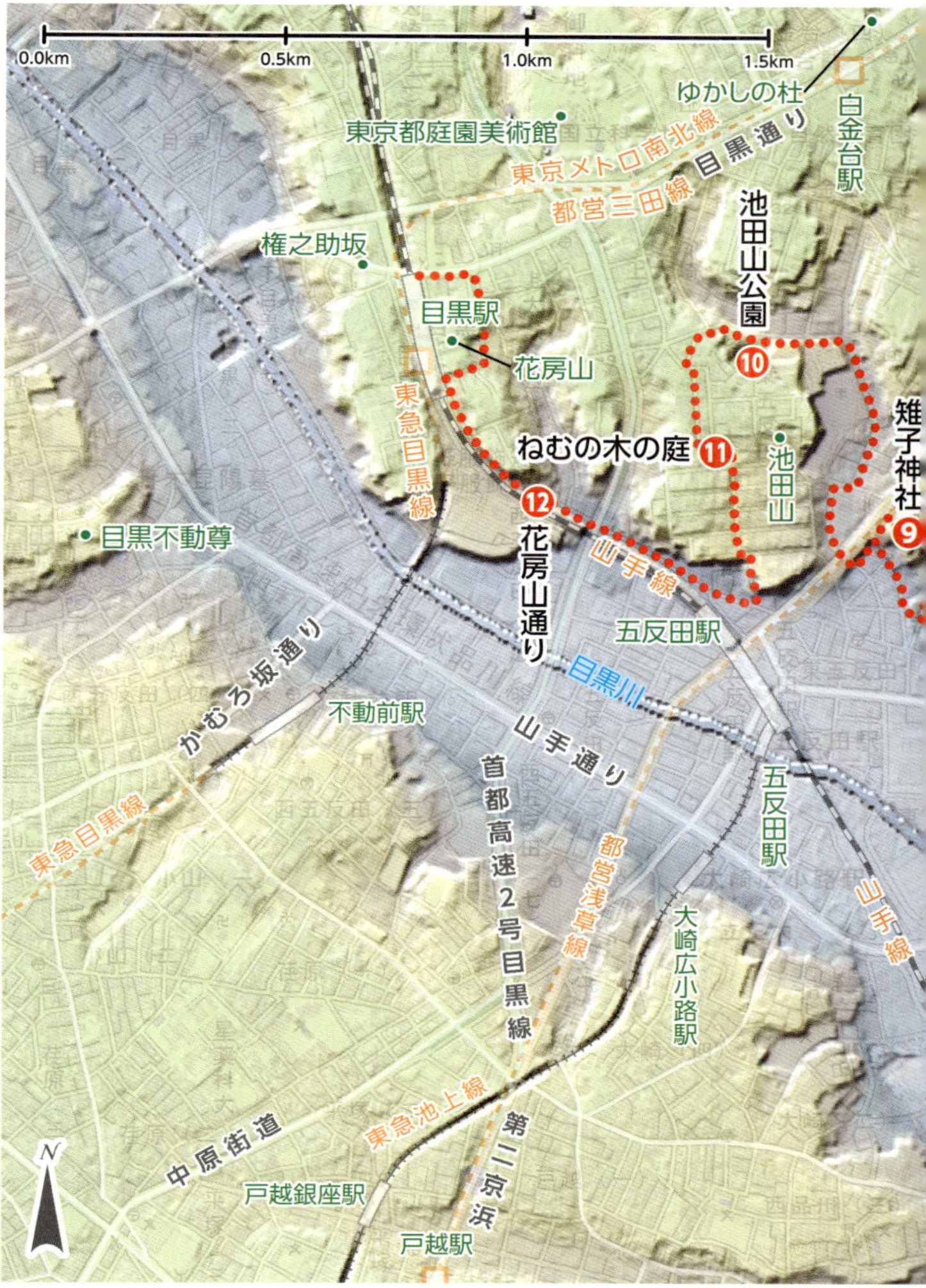

0.0km
0.5km
1.0km
1.5km
ゆかしの杜
白金台駅
東京都庭園美術館
東京メトロ南北線
目黒通り
都営三田線
池田山公園
権之助坂
目黒駅
花房山
10
東急目黒線
ねむの木の庭
11
池田山
雉子神社
9
12
目黒不動尊
花房山通り
山手線
五反田駅
目黒川
かむろ坂通り
不動前駅
山手通り
首都高速2号目黒線
五反田駅
東急目黒線
都営浅草線
大崎広小路駅
山手線
東急池上線
第二京浜
中原街道
戸越銀座駅
戸越駅
N

⑤東海寺の鬼門（北東）に鎮座し、鎮守だった牛頭天王社は明治以降品川神社と改称

⑦ソニー創業地跡に建つマンションの一角には、ソニー創業の地を示す記念碑が立つ

⑥東海寺の大山墓地にある井上勝の墓（鉄道記念物）。すぐ後ろを東海道新幹線が通過

⑧島津公爵邸の高台は、島津山と呼ばれた。現在は清泉女子大学の敷地に変貌

有したことに因んでいる。もともと袖ヶ崎《そでがさき》と呼ばれていた小高い山で、江戸時代は仙台藩主伊達《だて》家の拝領屋敷があった。清泉《せいせん》女子大学本館が旧島津邸の洋館で、明治三九年（一九〇六）から九年かけて建設したルネサンス様式の建物（普段非公開）。

広大な敷地の島津邸だったが、昭和二年（一九二七）の金融恐慌で損失を被ると、二万坪以上あった敷地のうち山麓部分を売却。その土地が現在の高級住宅地をかたちづくった。その後も島津家の邸宅は、戦時中日本銀行の管理下に置かれ、終戦後はＧＨＱに接収されるなど数奇な運命をたどった。

島津山とは篠ノ谷を隔てた西側にあるのが、明治まで霞ヶ崎《かすみがさき》とよばれた池田山である。岡山藩主池田家の広大な下屋敷を明治以降も池田侯爵《こうしゃく》家がそのまま所有し、本邸と

⑨五反田の鎮守である雉子神社。道路拡張などで社地は削られ、現在の社殿はビルの中

⑪池田山の旧正田邸は国庫に物納されて姿を消したが、ねむの木の庭として開園した

⑩池田山公園。池田山北斜面の池泉だが、岡山藩主池田家下屋敷の土地ではなかった

⑫山手線の築堤沿いに延びる上り坂が花房山通り。花房山の名はマンションに残るのみ

なった。昭和四年（一九二九）、五万余坪の敷地の大半が売却されて「池田山」として分譲、以後高級住宅地へと変貌した。美智子妃の御実家の正田《しょうだ》家もこの一角にあり、かつての邸地は、「ねむの木の庭」として公開されている。

　最後に訪れたのが花房山だ。所在地は池田山の北西、目黒駅の東側。播磨三日月《はりまみかづき》藩森家上屋敷だった比高二〇メートルの高台の山で、花房義質《はなぶさよしもと》が子爵《ししゃく》に陞爵《しょうしゃく》した記念に購入した別邸である。花房義質は、岡山藩の旧臣で、外交官としての活躍が認められ爵位を得た勲功華族《くんこうかぞく》。岡山藩出身だったこともあって、池田侯爵家の家政について助言などもしていたらしい。邸宅のあった高台は現在マンションが並び、山手線沿線とは思えない閑静な住宅地が広がる。

9 戸越銀座から大井町の窪地へ

歩行距離：3キロ
所要：2時間
最寄り駅：戸越銀座駅／大井町駅

尾根や谷は、険しいのではないかという先入観がある。たしかに尾根に登る斜面や谷底に下りる斜面は険しい道だが、登り切った尾根筋や谷の底は、意外に平坦で歩きやすい。徒歩しか交通手段がなかった昔は、おもな道が尾根筋か谷筋を丹念にたどるように開かれており、現代の道路でも、過去の経緯をふまえた大半の主要道が尾根上や谷底を選んで通る。

戸越銀座《とごしぎんざ》商店街は長さ一・三キロメートル。一直線に延びた商店街としては東京随一の長さを誇る。同じ道沿いに延びる隣の三ツ木《みつぎ》通り商店街まで含めれば、その長さは一・七キロメートル以上、ほぼ平坦の商店街である。

この商店街は、自然発生的にできたものではなかった。商店街が生まれる前の戸越銀座周辺は、藪清水《やぶしみず》と呼ばれた無住地。まさに、谷戸《やと》そのものといった谷あいの湿地帯で、水田や藪、草地が広がっていた。ところが関東大震災後、都心部の被災地からの住民流入で人口の増えた戸越に商店街をつくろうという気運が盛り上がる。

藪清水の谷を区画整理しながら、暗渠化した川を下水管で道路の下に通し、谷底に生まれた新しい道路には敷石が敷かれることとなった。おりしも銀座では、傷んだ煉瓦舗装をアスファルト舗装にするため、敷石代わりの煉瓦を撤去する必要を生じていた。その話を聞きつけた戸越の人々が、品川白《しろ》煉《れん》瓦《が》製造所の仲介で、敷石の煉瓦を譲り受けて敷いたのである。

昭和二年（一九二七）七月、藪清水の商店街の発足にあたって、「銀座」の名称を譲り受けて、戸越銀座と名づけられた。日本初の「ご当地銀座」の誕生である。戸越銀座駅西の道沿いには、銀座の煉瓦がケースに収められて展示してある。

戸越銀座駅から東へと歩き出す。商店街の途中から右折し急坂を登る。反対側も登り坂で、

①今ではすっかり有名になった戸越銀座。やはりここも地元に根ざした店が減りつつある

②平成28年(2016)に改築された戸越銀座駅。戸越銀座の「谷」を横断してゆく

③戸越銀座そばの崖上の高台に鎮座する戸越八幡神社。戸越村の総鎮守だった

大崎駅
山手通り
旧品川白煉瓦製造所
山手線
目黒川
第一三共品川研究開発センター
東海道本線
三ツ木通り商店街
横須賀線
湘南新宿ライン
東京総合車両センター
しながわ中央公園
移設された古戸越橋
11
りんかい線
京浜東北線
消えた台地
古戸越橋旧位置
9
10
下神明駅
人工の「崖」12 13
大井町駅
14
大井町駅
池上通り

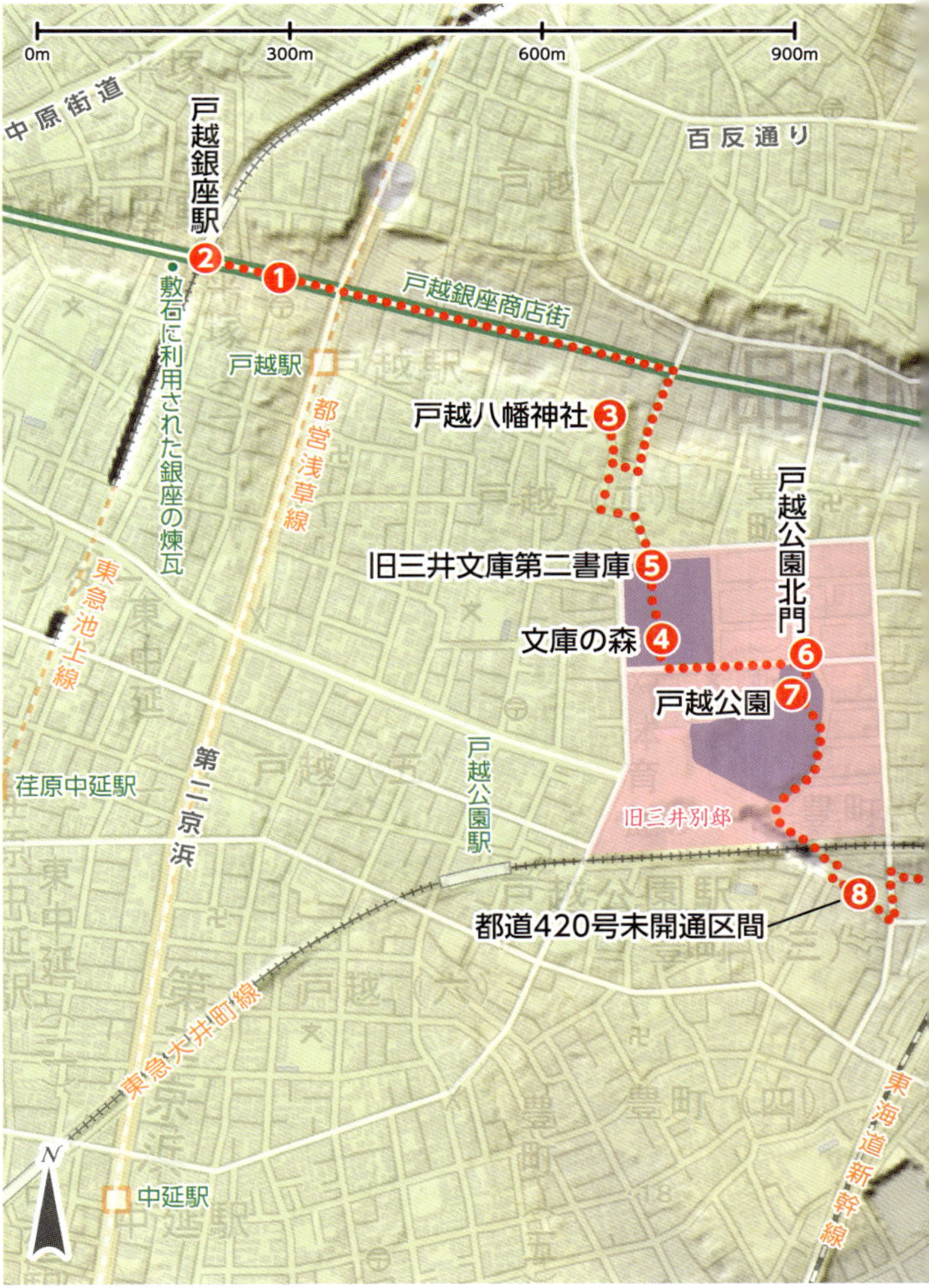
0m
300m
600m
900m
中原街道
百反通り
戸越銀座駅
2
1
戸越銀座商店街
敷石に利用された銀座の煉瓦
戸越駅
都営浅草線
戸越八幡神社 3
旧三井文庫第二書庫 5
文庫の森 4
戸越公園北門
6
戸越公園 7
旧三井別邸
東急池上線
荏原中延駅
第二京浜
戸越公園駅
8
都道420号未開通区間
東急大井町線
東海道新幹線
中延駅
N

④三井文庫から文部省の国文学研究資料館を経て、平成25年（2013）に開園した文庫の森

⑥昭和10年（1935）に開園した戸越公園。北門は薬医門風、南門は冠木門風だ

⑤旧三井文庫第二書庫。大正11年（1922）に新築され、大正15年（1926）に改修

⑦戸越公園の庭園は、かつての大名屋敷の池泉回遊式庭園の面影を残している

戸越銀座が谷底だということがよくわかる。

戸越《とごし》八幡《はちまん》神社の社殿は、戸越銀座に背を向けるように南面して建ち、背後は崖である。この地に鎮座したのは約五〇〇年前。江戸時代、江戸越えの町ということで戸越が「とごえ」と呼ばれていた由来が興味深い。

南へ延びる参道は平坦で、そのまま住宅地に出る。鳥居前を横切る細道は、戸越村の東西を結ぶ古道で、人家もこの道沿いに細々と連なっていた。

道なりに行けば、平成二五年（二〇一三）に開園した品川区立「文庫の森」に出る。ここは国文学研究資料館のあった場所。戦前までさかのぼれば、三井家の別邸だった。

実はこのあたりは、かつて熊本藩主細川家の戸越屋敷だった。幾度かの所有者の変遷を経て、幕末期には伊予松山藩主久松《ひさまつ》松平家の

⑧戸越公園そばの都道420号未開通区間。残された未着工区間は東海道新幹線の高架下。都道420号は品川区から板橋区まで9つの区を通る都道で、三宿通りや中野通りもその一部

下屋敷となる。明治二三年（一八九〇）に三井家の所有となるが、そのころの面積は約三万坪。現在の「文庫の森」や戸越公園を含む広大な区域で、建物外周の輪郭は、現在の街路にもはっきり投影されている。

　大正七年（一九一八）には、戸越の別邸にコンクリート三階建ての書庫と事務所を新築。三井家の修史編纂室がここに移り、三井文庫と改称。昭和七年（一九三二）、地元の荏《え》原《ばら》町《まち》（品川区の前身の一つ）に庭園部分を寄贈。これが戸越公園となる。昭和二四年（一九四九）、この地に文部省史料館が開設され、国文学研究資料館となったが、平成二〇年（二〇〇八）に立川市に移転。跡地に文庫の森が開園したのである。

　文庫の森と戸越公園をすぎ、都道の未成区間を通り、古《こ》戸《と》越《ごえ》川《がわ》の暗渠を歩いた。数年前

⑨以前の古戸越橋付近。橋は古戸越川（暗渠）に架かり、昭和８年（1933）の銘があった

まで、古戸越橋《ことごえばし》が残っていた場所である。避難経路にあたるという理由で高欄が撤去されたというが、代わりに車止めを設置するくらいなら、車止めとして機能していた橋を残してもよかったのではといいたくなる。

　東急池上線を都道四二〇号沿いに東に歩き、大井町駅の信号で左折。東急池上線の高架をくぐると、右は地盤が大きく窪んでい

⑩上の写真の現況。古戸越川の旧流路が避難経路に当たるので高欄が撤去されたという

⑪50ｍほど離れたしながわ中央公園の拡張部分に移設された古戸越橋の高欄

る。この土地は大規模な造成工事によるもの。

日本初の鉄道開業から四二年後の大正三年（一九一四）、新橋に代わる新しい中央停車場の東京駅が開業すると、それまでの新橋停車場は汐留《しおどめ》貨物駅となり、新橋にあった操車場は品川に、工場は大井《おおい》にそれぞれ移転することになった。操車場用地の埋め立てに用いられた土砂は、品川操車場とほぼ同時期（大正四年）に開場した大井工場予定地から採取している。比高一〇メートル近い丘を切り崩して広大な平坦地を造成したのだが、削った土砂を品川操車場建設に用いた。その痕跡が旧大井工場の窪んだ平坦地に残っているのだ。鮫洲《さめず》付近まで延びた丘陵が分断された様子は、六八ページの重ね地図にも刻印されている。

⑫東急大井町線の北側は東西方向になだらかな下り道となる。丘を削った痕跡である

⑬もと鉄道院の大井工場だった敷地から東急大井町線を望む。2階分の段差ができている

⑭大正初期までは、線路の手前（右側）だけでなく左側も切り通し区間となっていた

10
目黒の富士塚跡を巡る

歩行距離：4・5キロ
所要：3時間
最寄り駅：恵比寿駅／池尻大橋駅

富士塚《ふじづか》とは、富士山を模した築山をさす。本物の富士山に難儀をして登拝しなくとも（しかも富士山は女人禁制だった）、富士塚に登って富士山を拝めば霊験あらたかとされ、江戸後期に江戸をはじめとする富士講《ふじこう》が多数築造し、信仰を集めた。今回は、目黒にある二つの富士塚跡の数奇な運命をたどってみたい。

恵比寿駅から南西に坂道を登る。途中、馬頭観音《ばとうかんのん》も祀られており、古道だったことがうかがえる。登りきれば平坦な道となるが、このあたりは、かつて鎗ヶ崎《やりがさき》と呼ばれた高台。ほどなく階段の坂が現れる。別所坂《べっしょざか》の始まりである。ここを三田《みた》用水が横断していた。この用水は、昭和まで渋谷・目黒・品川の三田一帯を潤していた用水で、崖際の高台を流れていた。

別所坂を下りる前に目黒新富士《めぐろしんふじ》跡を訪ねる。といっても跡地はマンションに変貌しており、立ち入ることはできない。近くの別所坂児童遊園までマンションの公開通路伝いに歩く。この児童公園の一角に、かつて新富士にあった板碑《いたび》が保存されているのだ。

目黒新富士は、択捉島《えとろふとう》探検で知られる近藤重蔵《こんどうじゅうぞう》が文政二年（一八一九）、抱屋敷《かかえやしき》（別邸）に築いたもの。東富士、近藤富士とも呼ばれた。街道筋で景色も良かったことから参詣客で賑い、門前には露店も出て繁昌した。だが、隣の蕎麦の露店との土地をめぐって諍いが生じ、近藤重蔵の子富蔵《とみぞう》が人を殺《あや》めて八丈島《はちじょうじま》に流罪となり、屋敷は人手に渡った。富蔵は明治一三年（一八八〇）に救免されるまでの五三年間を八丈島で過ごしている。

その後も富士塚は残されたが、戦後、引揚援護庁《ひきあげえんごちょう》恵比寿別館などを経て昭和三四年（一九五九）に国際電信電話（KDD）目黒研究所が建設されると、富士塚は姿を消す。山腹にあった板碑は研究所の敷地に残されたが、跡地がマンションとなったのを機に別所坂児童遊

①別所坂児童遊園から富士山の方角を望む。高いビルは中目黒アトラスタワー

②目黒新富士付近から目黒川へと下る別所坂。左手に富士塚があった。正面は庚申塔

③目黒新富士は昭和34年（1959）に崩され、山腹の板碑は近くの別所坂児童遊園に移設

明治通り
渋谷川
八幡通り
東急東横線
山手線
駒沢通り
恵比寿駅
東京メトロ日比谷線
代官山駅
⑩
⑪
西郷橋
旧山手通り
代官山ヒルサイドテラス
⑨
旧朝倉家住宅
⑧
目切坂
⑥
⑦ 目黒元富士跡
⑤
駒沢通り
馬頭観音
庚申塔
目黒新富士跡 ①②③
目黒川
皀樹橋歩道橋
中目黒駅
別所坂
別所坂児童遊園
防衛装備庁
艦艇装備研究所
④
目黒川船入場
陸上自衛隊目黒駐屯地

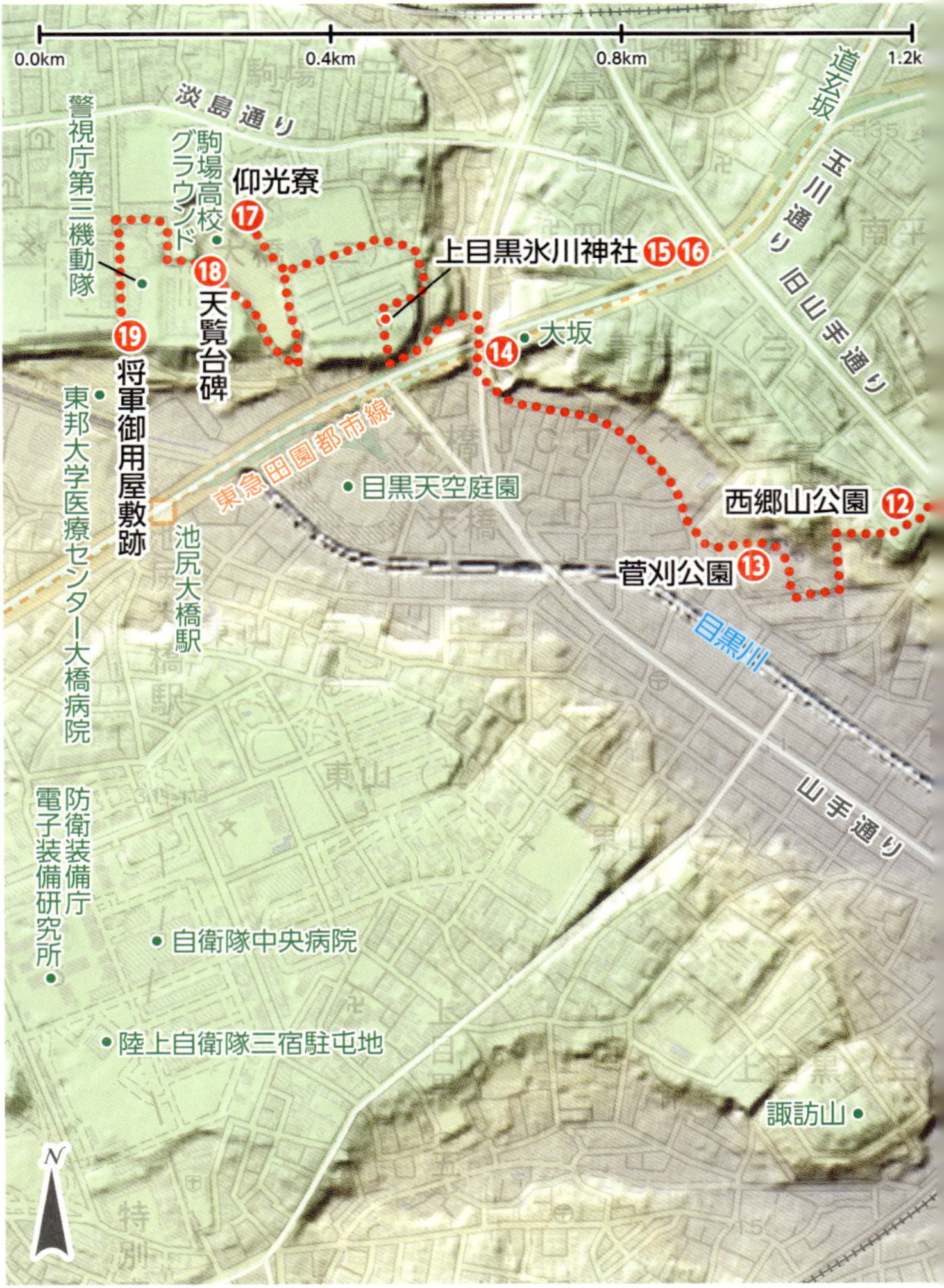
0.0km
0.4km
0.8km
1.2km
淡島通り
道玄坂
玉川通り
旧山手通り
警視庁第三機動隊
駒場高校グラウンド
仰光寮 17
上目黒氷川神社 15 16
18 天覧台碑
19 将軍御用屋敷跡
14 大坂
東急田園都市線
東邦大学医療センター大橋病院
目黒天空庭園
西郷山公園 12
菅刈公園 13
池尻大橋駅
目黒川
山手通り
防衛装備庁電子装備研究所
自衛隊中央病院
陸上自衛隊三宿駐屯地
諏訪山
N

園に移設されたのである。公園からは中目黒方面が一望でき、富士塚をしのぶことができた。

別所坂を下り、たどり着いたのが目黒川だ。昭和初期の河川改修で船入場《ふないりば》を設けたが、その跡地に開園したのが、現在の目黒川船入場である。そのまま北上して皀樹橋《さいかちばし》歩道橋を渡り、目黒川沿いを歩けば、目切坂《めきりざか》に出る。この坂は鎌倉街道が通っていた古くからの道。この坂を上りつめたところに、目黒元富士《もとふじ》の案内板が立つ。残念ながら、まったく眺望はきかない。

目黒元富士は文化九年（一八一二）に目黒村の富士講が築いたもので、高さは一二メートルほどあったらしい。別名は西富士もしくは丸旦山《まるたんやま》で、丸旦山とは目黒村の富士講の印が丸に旦の字だったことに因む。明治一一年（一八七八）、元富士の敷地が時の権力者岩倉具視《いわくらともみ》の別邸

④船入場を埋め立てて平成6年（1994）開園した目黒川船入場。調整池機能もある

⑤桜並木で知られる中目黒駅前の目黒川。左から支流の蛇崩川（じゃくずれがわ）が合流

⑥中目黒と代官山を結ぶ目切坂。坂上の目黒元富士を丸旦山と呼んだという

になったことで、富士塚にあった御神体や板碑などは上目黒氷川神社に遷された。その後東武鉄道の根津嘉一郎《ねづかいちろう》邸となり、昭和一四年（一九三九）には塚山も取り除かれた。

そのまま道を左折すれば、左手にりっぱな屋敷が現れる。重要文化財の旧朝倉家住宅である。朝倉家は米穀商を手広く営んでいた大地主。この屋敷は戦後の昭和二二年（一九四七）に中央馬事会に売却され、翌年農林大臣公邸となり、経済安定本部公邸を経て、昭和三九年（一九六四）以降は経済企画庁の渋谷会議所だった。帰り際、門灯に渋谷会議所とあるのを見つけた。かつては外を向いていたものだが、用途が変わり、内側に向けたという。

お洒落な店舗が並ぶ旧山手《きゅうやまて》通りは、昭和五年（一九三〇）ごろに朝倉家が自費で開通させ

⑦目黒元富士の案内板。根津嘉一郎邸やブルガリア大使館などを経てマンションが建つ

⑧東京府会議長などを歴任した朝倉虎治郎が大正８年（1919）に新築した旧朝倉家住宅

⑨代官山付近の旧山手通りは、朝倉虎治郎が私財を投じて整備した画期的な道路だった

た私道だった。代官山ヒルサイドテラスも、朝倉家（朝倉不動産）のプロジェクトである。

　このあたりの三田用水は、旧山手通り脇を流れていた。旧山手通りの道路橋として残る西郷《さいごう》橋《ばし》という名前は、もとは崖線上を流れる三田用水の水道橋から興った名前である。橋の名は、近くに大邸宅を構えていた西郷従道《じゅうどう》（西郷隆盛の弟）に因んでいる。

　西郷邸跡の一部が公園となっている。崖線を利用した西郷山《さいごうやま》公園と崖線下の庭園や屋敷のあった場所を公園化した菅刈《すげかり》公園だ。

　玉川通りの大坂橋《おおざかばし》下を通り、山手通りを横断して上目黒氷川神社へ。お目当ては、目黒元富士から遷された目黒富士浅間神社と板碑である。板碑と手水鉢には目黒村の富士講を示す丸に旦のしるしがくっきり彫られている。

　神社を抜けると、公務員住宅が広がる。このあたりは戦前の軍用地で、窪地の駒場《こまば》高校のグラウンドは陸軍乗馬学校の馬場だった。グラウンドを見下ろす西側の高台に卒業馬術の天覧台《てんらんだい》の記念碑が残る。その反対側が駒場高校だが、校門を入った場所に久邇宮良子女王《くにのみやながこ》（香淳《こうじゅん》皇后）が学習した仰光寮《ぎょうこうりょう》が移築されている。ずいぶん傷んでおり、今後が危ぶまれる。

⑩近くの西郷侯爵邸に因む西郷橋。旧山手通りの道路橋と三田用水の水路橋を兼ねていた

⑪西郷橋を下から眺める。以前は谷だった場所に築堤を築いて三田用水を通していた

⑯上目黒氷川神社境内に建立された富士浅間神社。目黒元富士にあった遺構が安置される

⑫昭和56年（1981）に開園した西郷山公園。冬晴れの日には富士山も見える

⑰仰光寮。久邇宮良子女王が皇太子妃に内定した大正7年（1918）に新築された

⑬西郷従道邸の一部は菅刈公園として平成13年（2001）に開園。明治天皇行幸碑が残る

⑱陸軍乗馬学校時代、馬術の天覧場に建てられた天覧台碑。後ろの窪地が馬場だった

⑭大山道の難所だった大坂付近。現在は東西南北の道路が立体交差する交差点に変貌

⑲駒場には将軍鷹狩りの屋敷があった。明治維新後、軍用地を経て第三機動隊などが使用

⑮上目黒氷川神社。岩倉具視別邸となった目黒元富士から富士塚の板碑などが遷された

11

渋谷高低差すみずみ紀行

歩行距離：4キロ
所要：2時間30分
最寄り駅：渋谷駅

渋谷近辺の山手線沿いに奇妙なものがあるのを知っているだろうか。線路際に建つビルの前に、高さ約五メートルの擁壁《ようへき》の塊としか表現できない不思議な物体が点在しているのだ。謎解きをすれば、これも地形の痕跡である。明治一八年（一八八五）、品川〜赤羽《あかばね》間に鉄道が敷設される際、当時海江田山《かいえだやま》と呼ばれていた桜丘町《さくらがおかちょう》の尾根の先端を切り通して線路を通した。そのため、線路際は、高さ五メートルほどの崖となった。海江田山を切り通した山裾の痕跡が、近年のマンション建設で隣地との境界以外は低く削られていった。残った部分が、奇妙な土塁《どるい》になっているというわけなのだ。海江田山とは、この地に桜を植えた元薩摩藩士の海江《かいえ》田信義《だのぶよし》に因む名前で、昭和三年（一九二八）に桜丘町の名が生まれたのも一帯に桜が多かったのが理由というから、海江田の桜が影響しているのだろう。

鉄道や首都高の高架橋に阻まれてわかりづらいが、渋谷駅は谷底に位置している。だからだろう、渋谷は坂だらけの町だ。無名の坂も多いが、ほとんどの坂道が、渋谷駅から放射状に延

①山手線沿いに残る不思議な隆起。一見人工物に見えるが、実は丘陵だった地形の痕跡。以前はもっと多かったが、現在明瞭に残るのは2つだけになってしまった

びている。坂道を下れば、いずれ渋谷駅に行き着くといわれるゆえんである。なかでも明治後期までの宮益坂《みやますざか》や道玄坂《どうげんざか》は、現在よりずっと急勾配で、途中に階段が設けられ、ひと休みする人で茶屋が繁昌したほど。

まずは、稲荷橋《いなりばし》の先の渋谷ストリームのところから顔を覗かせる渋谷川を眺めてみよう。コンクリートで護岸された姿は川という

②少し前まで残っていた桜丘の「丘」の痕跡。現在は半分ほど削られた

③稲荷橋。渋谷ストリームが完成するまで、この橋が渋谷川の暗渠と開渠の境目だった

明治通り
東京メトロ副都心線
山手線
国際連合大学
西武A館・B館
中渋谷ガード
宮益御獄神社
（千代田稲荷旧社地）
青山通り
東京メトロ銀座線
東京メトロ半蔵門線
7
6
旧宮益橋
宮益坂
金王坂
渋谷ヒカリエ
渋谷駅
東福寺
金王八幡宮
六本木通り
稲荷橋
忠犬ハチ公像
スクランブル交差点
3
渋谷ストリーム
4
5
東急東横線
渋谷川
新並木橋
1
桜丘町の「土壁」
2

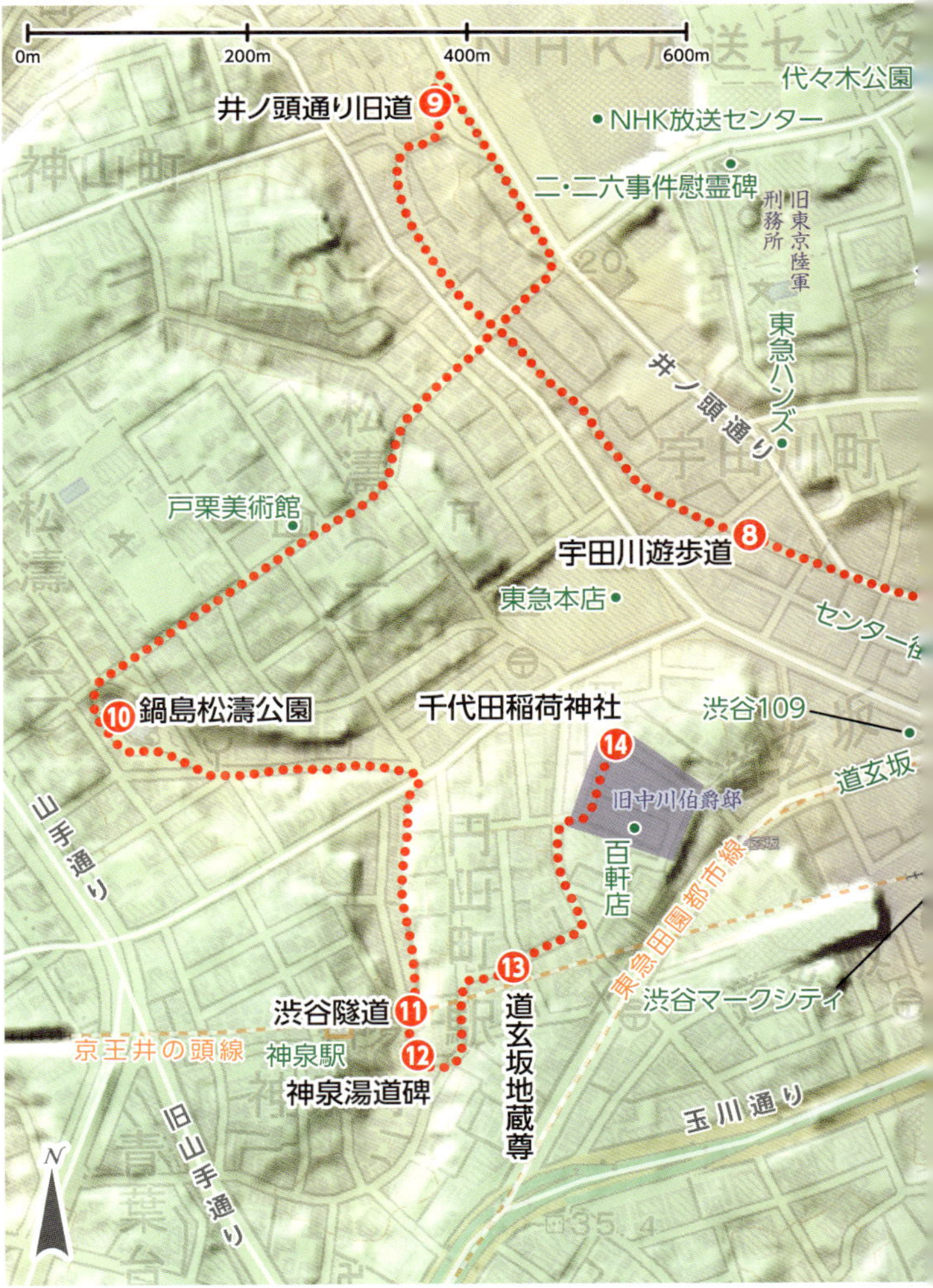
0m
200m
400m
600m
井ノ頭通り旧道 9
代々木公園
NHK放送センター
神山町
二・二六事件慰霊碑
旧東京陸軍刑務所
東急ハンズ
井ノ頭通り
宇田川町
松濤
戸栗美術館
宇田川遊歩道 8
東急本店
センター街
鍋島松濤公園 10
千代田稲荷神社
渋谷109
14
道玄坂
旧中川伯爵邸
百軒店
山手通り
円山町
東急田園都市線
13
渋谷マークシティ
渋谷隧道 11
道玄坂地蔵尊
京王井の頭線
神泉駅
12
神泉湯道碑
玉川通り
旧山手通り
青葉台
N

④渋谷ストリームに面した渋谷川の護岸には、「壁泉」と呼ばれる人工滝が流れる

⑥山手線中渋谷ガード。この地下を宇田川の新水路が暗渠となって流れる

⑤金王八幡宮は城砦だった高台に鎮座する。社殿と神門は慶長17年（1612）の建立

⑦渋谷西武Ａ館（左）とＢ館（右）。宇田川の新水路は両者の間を暗渠で流れていた

より下水路である。暗渠化された上流部の下水はここに流れ込まないため、ふだんほとんど水はないが、神田川水系の落合《おちあい》水再生センターで高度処理された「清流復活水」を活用した「壁泉《へきせん》」と呼ぶ水景施設が整備された。ただ、以前より臭気が漂うようになっているのが残念でならない。なお、少し下流の新並《しんなみ》木橋《きばし》の地点では、落合水再生センターの高度処理下水が、渋谷川に一日あたり二万立方メートル注がれているという。

明治通りを横断し、坂道を上る。渋谷城だったという城砦の高まりを今なお見せる金王《こんのう》八幡宮《はちまんぐう》に詣で、金王坂、宮益坂を通過。宮益橋があったあたりから自転車置き場になっている渋谷川の暗渠を北上。地下を宇田川《うだがわ》が流れていた中渋谷ガードを通り、正面の井ノ頭通りから宇田川遊歩道へ。ＮＨＫ前の不思議な飛び地をぐるりと回り、鍋島松濤《なべしましょうとう》公園に向かう。公園の中心にある池は、もともとあった湧水池で、明治前期の地形図には付近に水車も描かれ、精米に用いられていたようだ。かつての神山《かみやま》一帯を明治五年（一八七二）に旧佐賀藩主鍋島家が購入すると、茶園「松濤園」や鍋島農場に姿を変えた。関東大震災後、広大な鍋島農場の中心部には、永田町から移ってきた鍋島侯爵邸が建てられ、周囲の土地は、高級住宅地へと変貌する。

井の頭線の駅のある神泉《しんせん》は、もとは神泉谷といい、名前の由来となったのが、この地に湧く霊泉だった。神泉谷に立地しているのが、井の頭線の神泉駅で、渋谷までトンネルがつづいている。だが、井の頭線は最初、トンネルではなく、切取（切り通し）で渋谷に乗り入れる予定

⑧宇田川上流部は昭和30年代に暗渠化されて姿を消したが、遊歩道が整備されている

⑨NHK前の不思議な土地。右側が旧道。切り離された土地は区営の有料自転車駐車場

⑩鍋島松濤公園。明治時代に付近にあった水車小屋を池に再現している

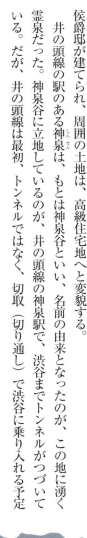

⑪京王井の頭線渋谷〜神泉間の渋谷隧道坑門。土かぶりが薄く、切り通しの方が工法として楽だったが、上部が三業地で補償金額がかさむため、あえてトンネル方式を選択

だった。ところがこれだと円山《まるやま》の花街の土地を買収しなければならず、莫大な補償費用が予想された。そこで工法を隧道式とし、地下権のみ坪あたり四〇円で買収したのである。地表からの深さはわずか二〜三メートルで、三四八メートルの渋谷隧道工事は難航した。トンネルの中心をめがけて地上からレールを打ち込む妨害事件も発生している。

今の百軒店《ひゃっけんだな》の位置には中川伯爵邸があった。中川伯爵も鍋島侯爵と同じく大名華族で、維新前は豊後《ぶんご》岡《おか》藩主だった家柄。中川家は大正一二年（一九二三）五月、堤《つつみ》康《やす》次郎《じろう》の箱根土地に邸地を売却。住宅地として分譲する予定だった。ところが、その年、関東大震災が発生すると、堤は計画を変更し、「百軒店」と名づけ、劇場や活動写真館を誘致するとともに、震災で灰燼に帰した下町の名店を移転させた。高台に立地した珍しい商店街が誕生したのである。出店した店には、上野精養軒《うえのせいようけん》をはじめ、銀座の資生堂、山野楽器、天賞堂《てんしょうどう》など錚々たる老舗《しにせ》や大店《おおだな》が並んでいた。ただし、これらは、復興の進展とともに旧来の土地に戻ってしまい、跡地には飲食店やカフェーなどが入った。名曲喫茶ライオンもその一つである。界隈が空襲で焼失したこともあり、戦後の百軒店はすっかり様変わりした。ラブホテルも多い。かろうじて戦前の面影を伝えているのは、名曲喫茶ライオンと、百軒店の商売繁盛祈願のため、宮益坂から遷座した千代田稲荷《ちよだいなり》くらいである。渋谷は日々変わっているけれど、時には坂道を上り下りしながら歴史に思いを馳せるのも悪くない。

⑫「神泉湯道」の道標。左奥には昭和51年（1976）まで弘法湯という銭湯があった

⑬かつての渋谷三業地（円山町の花街）の一角に安置され、信仰を集める道玄坂地蔵尊

⑭関東大震災後に開発された百軒店。商売繁昌を祈ってこの地に遷座された千代田稲荷

3 東京西部の地形を歩く

一二〇ページ以降の重ね地図は、東京西部の土地条件図である。芝生のように一面緑色で覆われているように見えるが、これは更新世《こうしんせい》段丘を示す。約一万年前までに形成された段丘である。この図では、より新しい時代の完新世《かんしんせい》段丘は見られない。

この地域もほかの地域と同じく、現在は全域が市街化されている。ところがこのあたりは、大正一二年（一九二三）の関東大震災前までは、ほとんどが畑や雑木林で覆われた近郊農村だった。本書の土地条件図で更新世段丘を緑色にしたのは便宜的な色分けにすぎないが、もし当時、空から風景を眺めることができたとすれば、樹林や畑がモザイクのように入り組み、全体的に緑がかった風景だったことが容易に想像できる。

大正期に入ると現在の中野区には、兵舎や練兵場、刑務所といった、都心部にあった大規模な施設が移転してきた。のどかな田園風景が広がる一方、鉄道の開通で交通の便がよくなり、貴顕の広大な別荘も営まれるようになる。

こうした状況を一変させたのが関東大震災だった。地震直後に発生した火災で焼失した都心を離れて、このあたりの丘陵地に新居を求める住民が続出したのである。爆発的な住民流入による無秩序な市街化が進んだ結果、狭い道路が多数生じたのもこの地域の特徴である。

丘陵地が住宅地に変貌していくなか、神田川（当時は旧神田上水と呼んだ）をはじめ、善福《ぜんぷく》寺川《じがわ》、妙正寺川《みょうしょうじがわ》などの河谷の低地には一面水田が広がっていた。これらの低地には、台地上があらかた市街化された昭和三〇年代に入っても、依然として大規模な水田が残っていた。丘の上は住宅地、坂を下った川沿いの低地は水田という光景が展開していたのである。開発が遅れたことが幸いしたとでもいおうか、市街化されなかった低地は、大規模な公園用地や住宅団地に転換することが可能だった。

いくつもの河川が西から東へ流れている。善福寺川と妙正寺川の間に大きな河谷が存在するが、これは桃園川《ももぞのがわ》である。全面的に暗渠化されたため、河川としては描かれていないが、緑道として整備された部分を点線で描画している。

この図の下方を神田川が西から東に流れている。小さな支流が谷を形成している。江戸時代の五街道の一つだった甲州道中《こうしゅうどうちゅう》は、神田川の南の尾根状の土地を東西に結んでいた。江戸の人々の喉を潤した玉川上水の水路もまたこの付近、河谷を巧みに避けるように曲がりくねりしながら、江戸城に向かっていたのである。

善福寺川や妙正寺川など、ずいぶん曲がりくねっているように見えるが、これでも昭和戦後期の河川改修でずいぶん直線化されている。

■重ね地図凡例

山地斜面等……………
台地・段丘
　更新世段丘 ………
　完新世段丘 ………

低地の微高地
　自然堤防 …………
　砂州・砂堆・砂丘 …
凹地・浅い谷 …………
低地の一般面
　谷底平野・氾濫平野

人工地形
　台場 ………………
　明治以降の海水面の
　　埋立地 …………
　切土地 ……………
　盛土地・埋立地……

江古田川
妙正寺川
神田川

1 : 40,000
1000m
0

南長崎
中落合
下落合
松が丘
下水処理場
薬師
新井
上高田
上落合
高田馬場
東中野
中野区
中野
新宿区
百人町
北新宿
神田川
環状六号線
東京医大病院
都庁
西新宿
和田
女子美術大
弥生町
南台
本町
新国立劇場
代々木
初台
渋谷区
首都高
京王電鉄京王線
笹塚
消防学校
西原
大山町
元代々木町
明治神宮
代々木公園
大原
上原
1：40,000
0
1000m
N

井草
西武新宿線
鷺宮
下井草
今川
観泉寺
妙正寺
清水
環八通り
白鷺
妙正寺川
若宮
大和町
本天沼
天沼
阿佐谷北
中央本線
高円寺北
あさがや
杉並区
南荻窪
荻窪
阿佐谷南
高円寺南
成田東
成田西
五日市街道
梅里
真盛寺
妙法寺
松ノ木
大宮
高井戸西
高井戸東
浜田山
はまだやま
清掃工場
高井戸IC
上高井戸
下高井戸
上北沢
永福
ろう学校
はちまんやま
松沢病院
世田谷区

高円寺北
高円寺南
阿佐谷北
阿佐谷南
本天沼
天沼
下井草
今川
若宮
大和町
中央本線
杉並区
成田東
成田西
五日市街道
松ノ木
大宮
浜田山
高井戸東
高井戸西
下高井戸
上高井戸
永福
上北沢
南荻窪
世田谷区

妙正寺川
善福寺川
神田川

12
明治神宮と河骨川の谷を訪ねる

歩行距離：5キロ
所要：3時間30分
最寄り駅：表参道駅・明治神宮前駅／代々木公園駅・代々木八幡駅

欅《けやき》並木が美しい表参道は、青山から神宮橋まで一キロ余りの直線道路である。明治神宮鎮座祭を秋に控えた大正九年（一九二〇）、突貫工事で五ヶ月たらずで一気に造成された。歩いてみると、中間の参道橋《さんどうばし》までは結構な下り坂である。途中、旧広島藩主浅野侯爵別邸の小山を切り通した際の土留めの石垣が、改変を経ているものの、ブランドショップの外壁として残る。

表参道から神宮前交差点を右折。ラフォーレの先のクレープ店から左の小道は、明治神宮から流れる渋谷川の支流の川筋の跡だ。現在はブラームスの小径《こみち》という名で知られる。さらに明治通りを直進して東郷《とうごう》神社に詣でる。神社の池は池田侯爵《こうしゃく》（旧鳥取藩主）邸時代の庭園の池が起源で、池田邸の屋敷は、社殿から奥に広がっていた高台部分にあった。

かつて竹之下《たけのした》と呼ばれた寂しい谷筋は、昭和三年（一九二八）に竹下町《たけしたちょう》となり、戦後、通り沿いに進駐軍相手の商店が並び出すが、商店会が誕生するのは昭和五二年（一九七七）と、都内の商店街の歴史の中では非常に新しい。それが今や国際色豊かな一大観光地なのだから世の中わからない。

谷を詰めると原宿駅の竹下口にぶつかるが、突っ切れないのでいったん明治通り沿いに坂を上がって、神宮橋から明治神宮をめざした。

素木《しらき》の一の鳥居をくぐると、巨樹が醸し出す樹影で、ひんやりとした空気に覆われる。渋谷川水系のせせらぎが流れる神橋を渡って、参道途中から御苑（御苑維持協力金が必要）へ。都心とは思えない南池《なんち》の景観に驚嘆しながら上流をめざせば、明治天皇と昭憲皇太后《しょうけんこうたいごう》（明治天皇妃）が南豊島《みなみとしま》第七御料地時代に愛した菖蒲田《しょうぶだ》が広がる。

さらにさかのぼれば、源流の清正井《きよまさのいど》が、木立の中にたたずんでいる。ひところのブームほ

①表参道のブランドショップの外壁は、「浅野山」を崩して道路を造成した際の石垣の遺構

②参道橋は表参道が造成された大正9年（1920）に架橋。昭和13年（1938）に架け替え

③東郷神社境内の池。社殿は奥の高台に建つ。鳥居は芝の水交社の水交神社から移設

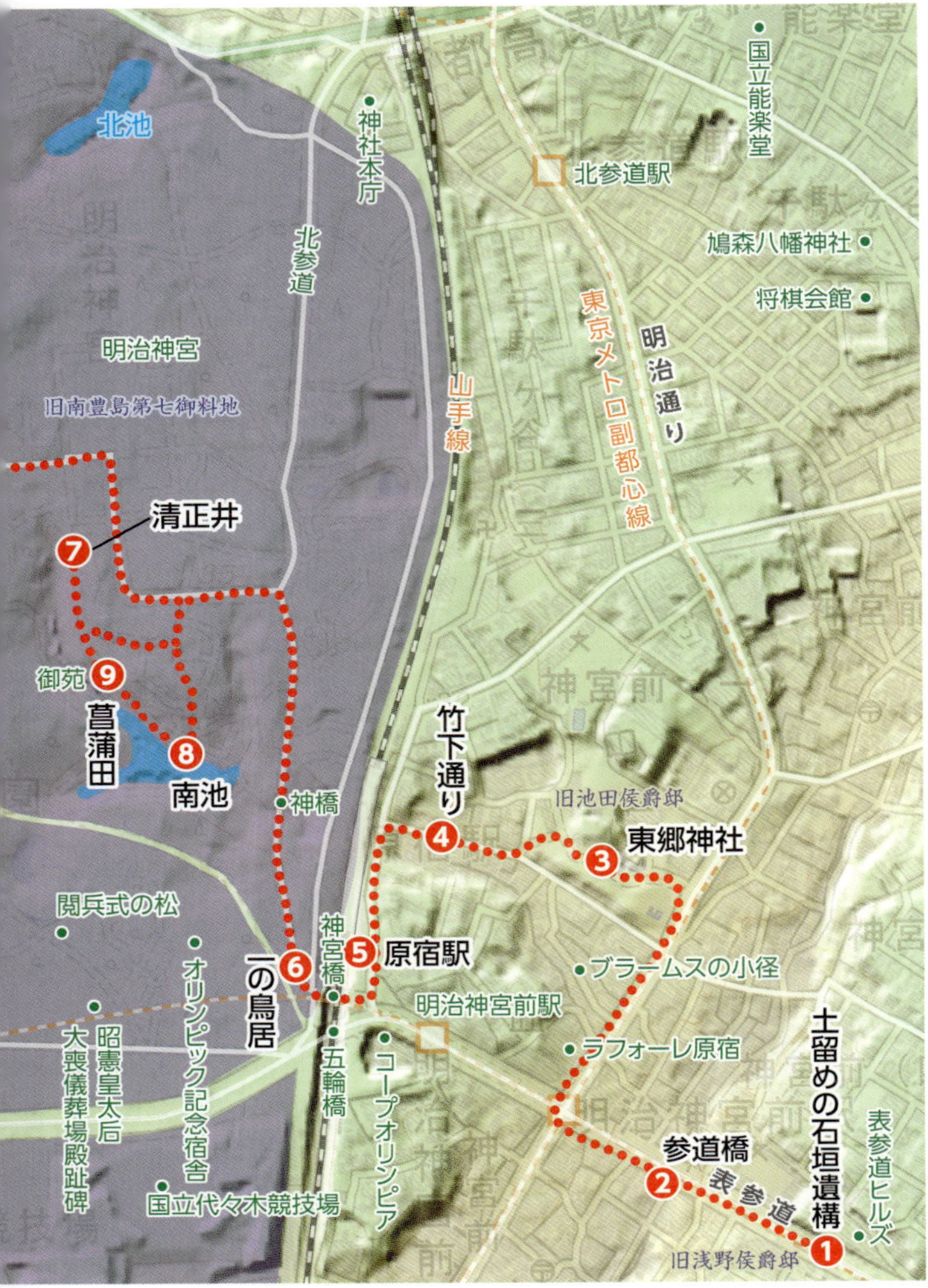
北池
神社本庁
北参道
明治神宮
旧南豊島第七御料地
国立能楽堂
北参道駅
鳩森八幡神社
将棋会館
東京メトロ副都心線
明治通り
山手線
清正井
7
御苑
9
菖蒲田
8
南池
神橋
竹下通り
4
3
東郷神社
旧池田侯爵邸
閲兵式の松
6
一の鳥居
神宮橋
5
原宿駅
ブラームスの小径
明治神宮前駅
ラフォーレ原宿
オリンピック記念宿舎
昭憲皇太后大喪儀葬場殿趾碑
五輪橋
コープオリンピア
国立代々木競技場
参道橋
2
表参道
土留めの石垣遺構
1
表参道ヒルズ
旧浅野侯爵邸

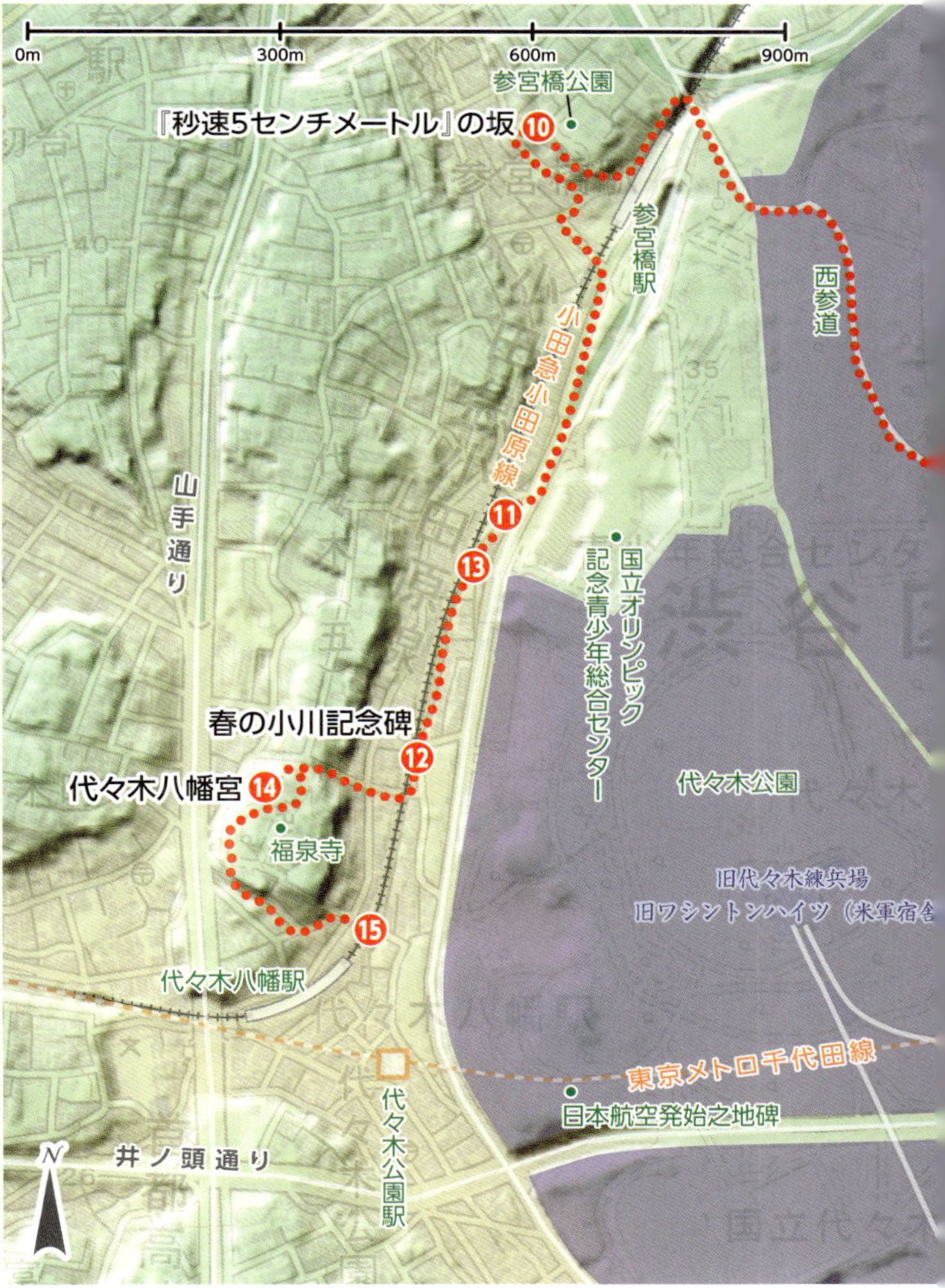
0m
300m
600m
900m
参宮橋公園
『秒速5センチメートル』の坂 10
参宮橋駅
西参道
小田急小田原線
11
13
国立オリンピック記念青少年総合センター
山手通り
春の小川記念碑
12
代々木八幡宮 14
福泉寺
代々木公園
旧代々木練兵場
旧ワシントンハイツ（米軍宿舎
15
代々木八幡駅
東京メトロ千代田線
代々木公園駅
日本航空発始之地碑
井ノ頭通り
N

④外国人で賑わう原宿駅前の竹下通り。もとは竹之下と呼ばれた谷沿いの土地だった

⑥明治神宮一の鳥居。阿里山付近の台湾檜を使用。初代鳥居は大宮氷川神社に移設

⑤原宿駅。この駅舎が見られるのはあと少し。すでに駅舎裏では工事が始まっている

⑦加藤家下屋敷だったことに因む清正井。井伊家下屋敷、御料地を経て明治神宮御苑に

どではないが、曜日や時間帯によっては多少の行列は覚悟した方がいいだろう。周囲の水に手を浸してみると、水道水とは明らかに違う感触が伝わってきた。

明治神宮参拝後、西参道から明治神宮を退出。参宮橋《さんぐうばし》交差点を渡り、小田急線の北側沿いに歩く。参宮橋駅改札を過ぎて右に分岐する坂道へ。この坂道とすぐ先の参宮橋公園の先の坂道は、新海誠《しんかいまこと》の映画『秒速5センチメートル』で印象的に描かれたことで、知る人ぞ知る存在。

昭和二年（一九二七）に開通した小田急線は、渋谷川支流の河骨川《こうほねがわ》の谷を通る。建設を急いだせいか、参宮橋から代々木上原《よよぎうえはら》にいたる区間はトンネルで抜けず、台地を大きく迂回して線路が敷設されたのだ。そのため、途中の代々木八幡《はちまん》駅構内は急カーブである。

⑧明治神宮御苑の南池（なんち）。清正井をおもな水源とし、面積は約8000平米。江戸時代からあった池で、初夏は蓮が美しい花をつける

⑨明治神宮御苑の菖蒲田。清正井と南池の間の谷間に整備され、毎年6月に美しい花が咲き誇る。御苑の菖蒲は、明治天皇が皇后のために植えさせたことにはじまる

⑩参宮橋公園の坂道。新海誠が『秒速５センチメートル』に登場させたことで一躍有名に

⑪河骨川は完全に暗渠化され、小田急線沿いの小道にその痕跡をとどめるのみ

⑫小田急線の脇に立つ春の小川の記念碑。河骨川は、碑と線路の間の小道の下の暗渠

このあたりを流れていた河骨川の名前は、清流に自生するコウホネの可憐な黄色い花が咲き誇っていたことに因むらしい。だが、家屋が建て込み、ひっきりなしに列車が通りすぎる河跡から往時を想像するのはもはや困難である。

途中には、「春の小川」記念碑もある。大正元年（一九一二）に発表された文部省唱歌「春の小川」の作詞者とされる東京音楽学校教授の高《たか》野《の》辰《たつ》之《ゆき》は、明治四二年（一九〇九）から現在の代々木に居住し、河骨川の散策を楽しんでいたことから、「春の小川」のモデルが河骨川ではないかととりざたされたことで、昭和五三年（一九七八）の建碑にいたった。

大きく南にせり出した丘の上に鎮座する代々木八幡宮に参拝。社殿前の灯籠一対は、明治

⑬「春の小川　この通り」という案内が電柱に巻かれている。犬走りとでもいいたくなるような線路脇の小道がかつての河骨川の流路とは、およそ想像できないからだろう

四二年（一九〇九）の代々木練兵場《れんぺいじょう》（現在の代々木公園）開設のため、父祖伝来の土地を捨てざるをえなかった住民一七人が奉納したもので、その絶唱ともいえる言葉が、奉納者の氏名とともに竿《さお》石《いし》に刻まれている。この丘は古くから開けていたようで、境内からは縄文時代の遺跡が見つかっており、竪穴式住居が復元されている。

⑭代々木八幡宮前の灯籠には、移転を余儀なくされた住民の訣別の言葉が刻まれている

⑮代々木八幡駅構内は半径214ｍの急カーブのため、通過列車も徐行。改良工事前の撮影

13

上水路跡の水道道路を歩く

歩行距離：5・5キロ
所要：3時間30分
最寄り駅：明大前駅／都庁前駅・新宿駅

東京の水道には長い歴史があった。玉川上水や神田上水といった江戸時代の水道は、現在とは異なり、消毒やポンプ設備もなく、河川水を自然流下させる仕組み。配水先の末端も蛇口ではなく、上水井戸という水溜まりで、釣瓶《つるべ》で水を汲み上げていた。これでは不十分で、江戸の下町では依然として水売りの商売が繁昌していた。

幕府による厳しい管理体制により、江戸時代を通じて水道機能は維持されてきたが、明治維新を迎えると、設備の更新を怠ったことや管理が緩んだことで水質汚染が進み、明治一九年（一八八六）のコレラの蔓延で、江戸以来の水道は限界に達する。近代水道の必要性が叫ばれたものの、紆余曲折があり、東京に水道がはじめて通水したのは、明治三一年（一八九八）である。最初の東京市水道は、玉川上水の和田《わだ》堀内《ほりのうち》村《むら》和泉《いずみ》から淀橋町角筈《よどばしちょうつのはず》まで新水路を掘削。「淀橋浄水工場」（淀橋浄水場）で原水を濾過《ろか》・消毒したうえ、東京市一円に配水する仕組みだった。浄水工場と同時に、「給水工場」（給水所）が芝と本郷に建設されている。

①京王井の頭線に架かる明大前駅近くの玉川上水の跨線橋（水路橋）。4線分の軌道が確保してある（左の2線分が空いている）のは、幻に終わった東京山手急行の軌道用地

それまで南に大きく迂回していた従来の玉川上水に代えて、直線状の新水路が建設された。玉川上水の新水路は、和泉から淀橋浄水場までの約四キロ。しかしこの水路は、関東大震災時に決壊。長期間断水して機能を喪失したことで、隣を走る甲州街道の拡幅に合わせて道路下に新しい導水管が埋設され、新水路は昭和一二年（一九三七）に廃止された。

②かつて玉川上水に架かっていた明大橋の親柱の遺構。旧流路は玉川上水公園に

③昭和13年（1938）に建立された和泉水圧調整所脇の板碑。命名した近衛文麿の揮毫

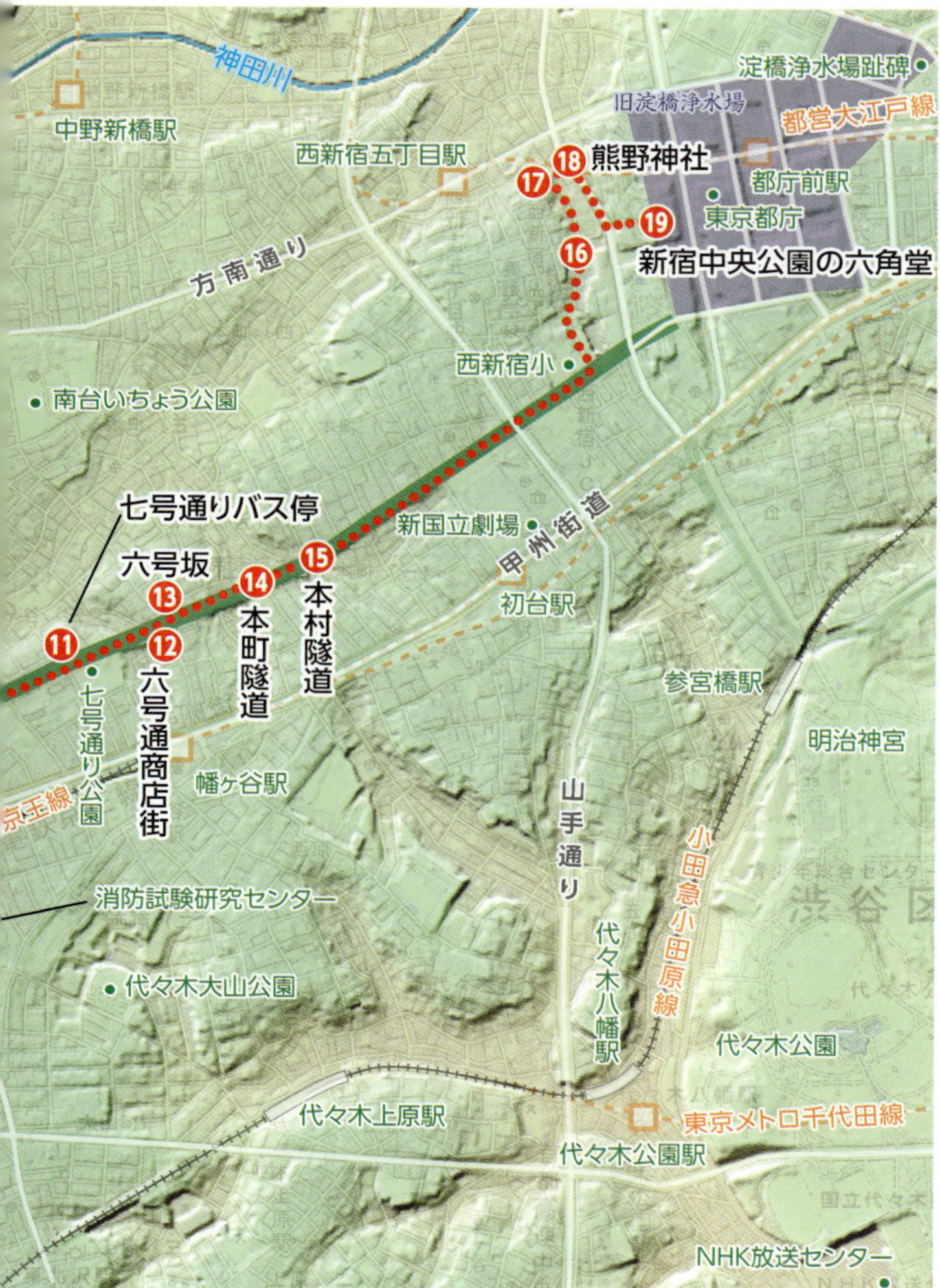
神田川
中野新橋駅
淀橋浄水場趾碑
旧淀橋浄水場
都営大江戸線
西新宿五丁目駅
熊野神社
都庁前駅
東京都庁
新宿中央公園の六角堂
方南通り
西新宿小
南台いちょう公園
七号通りバス停
新国立劇場
甲州街道
六号坂
本村隧道
初台駅
本町隧道
七号通り公園
六号通商店街
参宮橋駅
明治神宮
幡ヶ谷駅
京王線
山手通り
小田急小田原線
渋谷区
消防試験研究センター
代々木大山公園
代々木八幡駅
代々木公園
代々木上原駅
東京メトロ千代田線
代々木公園駅
NHK放送センター

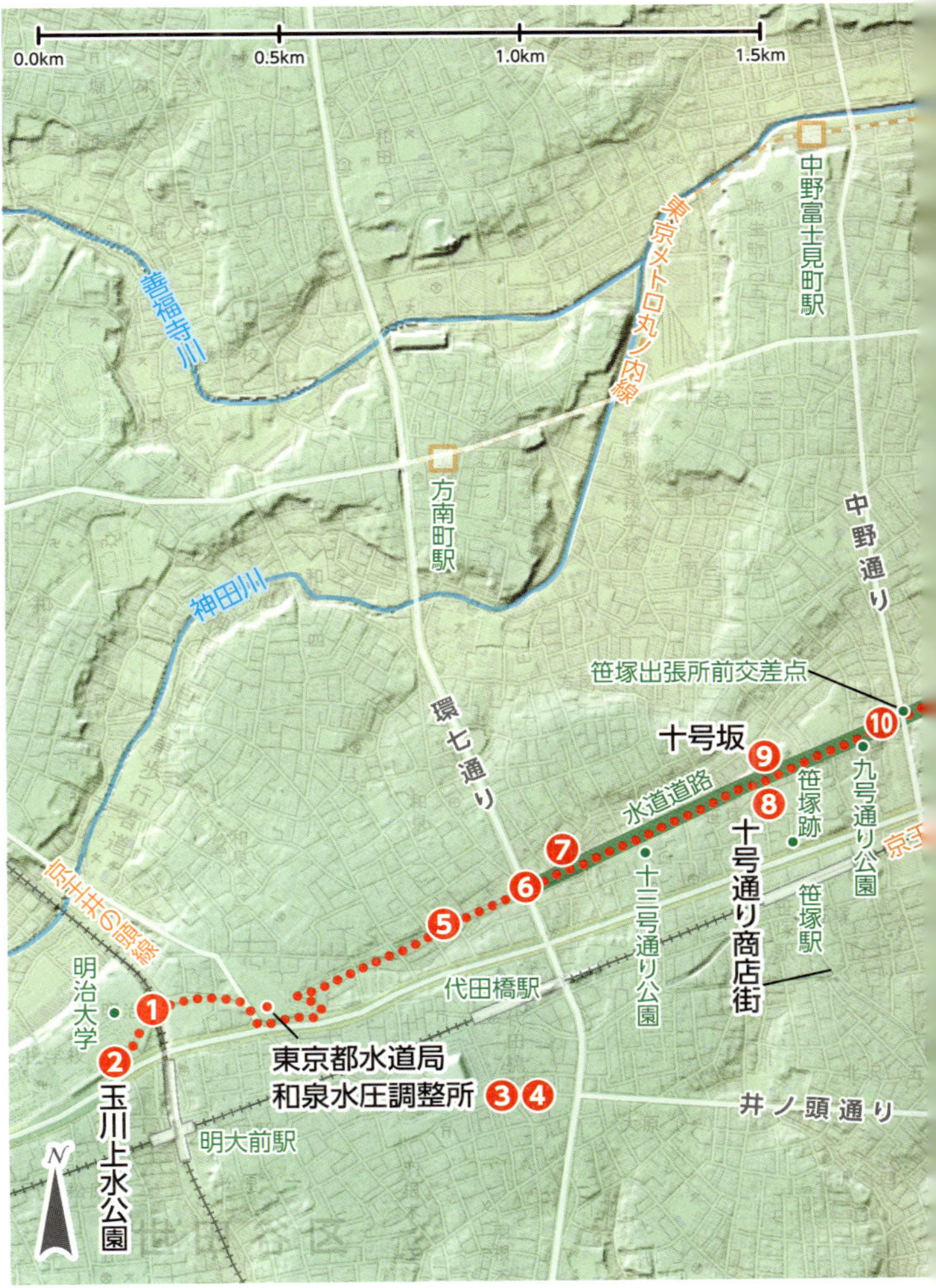
0.0km
0.5km
1.0km
1.5km
善福寺川
東京メトロ丸ノ内線
中野富士見町駅
方南町駅
神田川
中野通り
笹塚出張所前交差点
環七通り
十号坂
水道道路
笹塚跡
九号通り公園
十三号通り公園
十号通り商店街
笹塚駅
京王井の頭線
明治大学
代田橋駅
東京都水道局
和泉水圧調整所
玉川上水公園
井ノ頭通り
明大前駅
N

水路跡は埋め立てられて都道四三一号線となったが、この道を自分の足で歩いてみることにした。「水道道路」という名がわずかに往時をしのばせる。まったく普通の平坦な道だが、歩いてみるとやっぱり変だ。道の北側は切り立った崖状で、水道道路に面した建物の入り口が、二階や三階のところもある。

都道を横断するトンネルは、数少ない新水路時代の遺構である。新水路を横断する道の大部分には橋を架けたが、低地部分に水路を築いたところでは、水路の下にトンネルを通したのだ。新水路を横断するトンネルは三本あったが、そのうち二本が残っている。帝京短期大学（渋谷区本町六丁目）の南にある本町《ほんまち》隧道《ずいどう》（旧第二道路橋）と、その三〇〇メートル東にある

④和泉水圧調整所を通る井ノ頭通りのバス停の名前は、その名も「水道横丁」

⑤和泉水圧調整所から環七通りまでの水路跡は家が建て込む。この細道も都道431号

⑥環七通りから新宿方面を遠望。水道道路と右隣の公園がかつての玉川用水新水路

⑪七号通りバス停。玉川上水の七号橋に因んだもの。新宿寄りに六号通りバス停もある

⑫六号橋が架橋されていた幡ヶ谷の六号通商店街。玉川上水新水路跡の案内板が立つ

⑬七号通りと同じく、六号通りも水道道路の北側は六号坂通りと名前を変えている

⑭水道道路をくぐる本町隧道。銘板に1975年3月渋谷区建造とあるからこのとき改築か

⑦水道道路沿いには新水路だったころの護岸堤防をしのばせる斜面が一部に残されている

⑧水道道路と直交する十号通り商店街。新水路に架けられていた十号橋に因んだ名前

⑨水道道路の北側は､十号橋に因む名前でも、十号坂と名前を変える。急な下り坂である

⑩水道道路と中野通りの笹塚出張所前交差点は急な下り坂となる

⑮水道道路下に残る本村隧道。ギリシア神殿の円柱のような装飾が施されるなど、明治時代の開設当時の面影を残している。上部は本町一丁目のバス停

本村《ほんむら》隧道（旧第三道路橋）である。今の中野通りの交差点付近にあった第一道路橋だけは、中野通りの拡幅工事の際、平面交差に改められたため消滅した。そのため、ずっと平坦な水道道路の中で、中野通りとの交差点付近だけは明らかにわかる勾配がある。

水路には一六もの橋が架けられた。橋にはそれぞれ、淀橋浄水場側から一号橋、二号橋といった具合に番号がつけられた。橋に因んだ六号通りや七号通りというバス停が現存し、沿線にはやはり橋に因んだ商店街がある。水道道路の南側が六号通商店街や十号通り商店街なのに対して、道路の北側は六号坂、十号坂と称しているのが興味深い。急な下り坂になっているためだろう。

水路の敷地の北側は道路になったが、南側の土地は公営住宅や公園になっている。道路

⑱熊野神社。周辺の旧地名の十二社は、熊野神社が十二社権現と呼ばれたことに因む

⑯最後まで営業していた料亭「一松」の建物。道路の右側に通称弁天池があった

⑲新宿中央公園の六角堂。淀橋浄水場の沈殿池の余土で造成した築山に建てられた

⑰弁天池の北にあった瓢箪形の池の跡地から西を撮影。急階段が地形をしのばせる

沿いの公園の名前にも、七号通り公園、九号通り公園（仮設の施設があったため取材時点は立入不可）、十三号通り公園が確認できた。

しだいに新宿の高層ビル群が近づいてくる。淀橋浄水場は六七年間にわたり都民に水道水を供給しつづけたのち、東《ひがし》村《むら》山《やま》浄水場に業務移管して昭和四〇年（一九六五）に廃止。西新宿の超高層ビル群に生まれ変わった。新宿副都心の道路が上下二層構造なのは、かつての浄水場の濾過池の形状を生かしているためである。

高層ビル直前の西新宿小学校の先で水道道路を離れて北上。昭和四三年（一九六八）まで弁《べん》天《てん》池《いけ》が残っていた十《じゅう》二《に》社《そう》と淀橋浄水場の遺構に立ち寄る。池の跡の窪んだ地形や独特の家並みに、三《さん》業《ぎょう》地《ち》として栄えた往時をしのんだ。

14
中野の台地と川を上り下り

歩行距離：8・5キロ
所要：5時間30分
最寄り駅：中野富士見町駅／新江古田駅

中野区はかつて農村だった。大正九年（一九二〇）の第一回国勢調査によれば、現在の中野区を構成している豊多摩郡中野町《なかのまち》と野方町《のがたまち》の人口は二万九一九八人。現在の一割にも満たない。当時の地形図を見ると、神田上水《かんだじょうすい》（現在の神田川）、妙正寺川《みょうしょうじがわ》、桃園川《ももぞのがわ》といった東西方向に流れる川沿いの低地は一面の水田が広がり、台地は林か畑ばかり。青梅《おうめ》街道沿いに人家が並ぶ以外、台地上に農家が点在する程度である。

そういう地域性を考慮してだろう。明治から大正にかけて、両町の高台には、鉄道大隊（明治三〇年（一八九七））、豊多摩監獄《とよたまかんごく》（大正四年（一九一五））、国立療養所（大正八年（一九一九））といった大規模な公的施設が、次々と開設されていった。

現在の中野区の地域に都市化の波が押し寄せるのは、関東大震災後である。都心から移り住む人が急増し、昭和一五年（一九四〇）の国勢調査では人口二〇万人を突破。二〇年前と比較して七倍以上の急増ぶりである。大戦を挟んで一時人口は減少するが、戦後から高度成長期にかけて再び激増して、昭和四五年（一九七〇）には約三八万人と過去最高を記録する。その後微減に転じたものの、近年再び増加傾向にあり、現在の人口は約三三万人。人口密度は豊島《とし ま》区や荒川区と並んで全国トップクラスだ。

中野区の都市環境は大正から昭和にかけて激変したものの、中野の軍用地は終戦後警察用地に転換して存続。刑務所と療養所もほぼそのまま存続した。

今回は、中野区に開設された大規模施設跡をたどりながら、南北方向に台地と谷が交互に現れるユニークな地形を見て歩くことにする。

東京メトロ丸ノ内線の中野富士見町《ふじみちょう》駅を出ると、すぐそばを神田川が流れている。昭和

①中野富士見町駅付近の神田川。護岸の量水板で出水時の水位の高さがうかがえる

②暗渠化された桃園川。桃園橋は現在の中野通りが拡幅された昭和11年（1936）の完成

③桃園川緑道。桃太郎やかぐや姫などの場面を描いたタイルが路面に埋められている

⑥新井山梅照院薬王寺。本尊薬師如来に因んだ新井薬師の名で広く知られている

④石森芳太郎邸跡に昭和45年（1970）に開園した紅葉山公園

⑦新井薬師の下手にある通称ひょうたん池。フナ釣りに訪れる人で賑わう

⑤平成3年（1991）に中野区役所前に建立された犬の像。高野雅秋、山崎敬三の作

一二年（一九三七）に架橋された壽橋《ことぶきばし》から中野通りを北上。十貫坂《じっかんざか》を登り、十貫坂上交差点を右に折れて鍋屋横丁《なべやよこちょう》の商店街へ。途中南無妙法蓮華経《なむみょうほうれんげきょう》と刻んだお題目石《だいもくいし》がある。享保《きょうほ》三年（一七一八）に建立された妙法寺《みょうほうじ》（杉並区堀ノ内）への参詣道の道標《みちしるべ》だ。

青梅街道を渡り、北西に延びる古道へ。この道はかつて石神井道《しゃくじいみち》と呼ばれ、青梅街道から分岐して北上し、鷺宮《さぎのみや》で現在の新青梅街道と合流する重要な街道だった。

この道は約三〇〇メートルで中野通りに吸収されるが、そのまま歩きつづけると桃園橋《ももぞのばし》に出る。ここから脇の桃園川緑道へと入る。完全に暗渠化されているが、桃園川は神田川の支流の中でも大きな流れだった。緑道の長さは約二・四キロ。かつての水源とされる天《あま》沼《ぬま》弁天池《べんてんいけ》公園からだと四キロ近くに及ぶ。

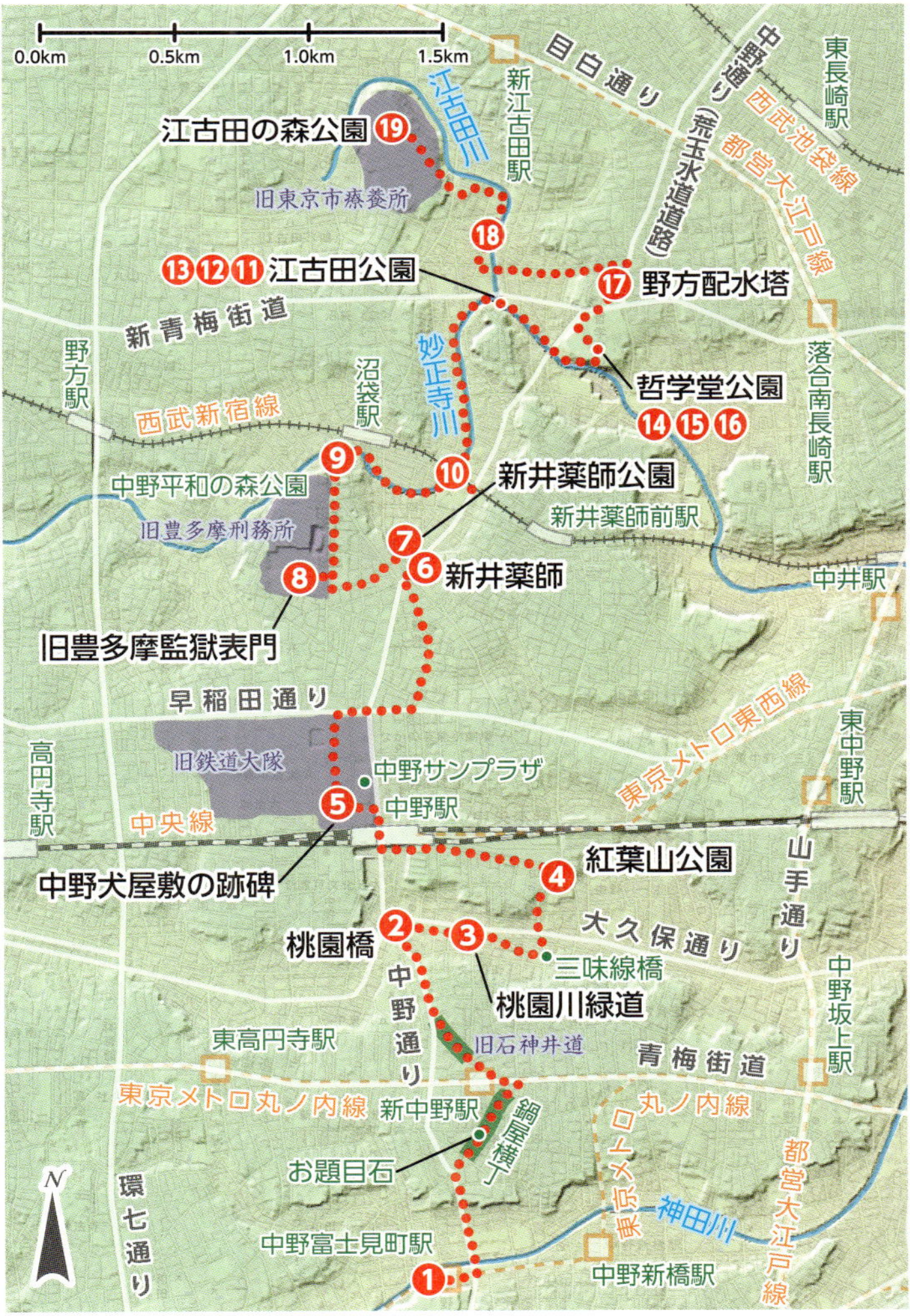
0.0km
0.5km
1.0km
1.5km
江古田の森公園 19
旧東京市療養所
江古田川
新江古田駅
目白通り
中野通り（荒玉水道道路）
西武池袋線
都営大江戸線
東長崎駅
18
13 12 11 江古田公園
17 野方配水塔
新青梅街道
妙正寺川
哲学堂公園
14 15 16
落合南長崎駅
野方駅
沼袋駅
西武新宿線
9
10
新井薬師公園
中野平和の森公園
旧豊多摩刑務所
新井薬師前駅
7
6 新井薬師
8
中井駅
旧豊多摩監獄表門
早稲田通り
東京メトロ東西線
旧鉄道大隊
中野サンプラザ
高円寺駅
5
中野駅
東中野駅
中央線
中野犬屋敷の跡碑
4 紅葉山公園
山手通り
2 桃園橋
3
大久保通り
三味線橋
中野通り
桃園川緑道
中野坂上駅
旧石神井道
東高円寺駅
青梅街道
東京メトロ丸ノ内線
新中野駅
鍋屋横丁
東京メトロ丸ノ内線
お題目石
都営大江戸線
環七通り
N
神田川
中野富士見町駅
1
中野新橋駅

⑧大正４年（1915）に竣工した旧豊多摩監獄の表門。高さ９m、幅18m、奥行13m。以前は門の両側から高さ約６mの外壁が延びていた。かつては石盤（スレート）葺だった

三味線橋《しゃみせんばし》からもみじ山通りを北上。紅葉山《もみじやま》公園を通って中野駅へと向かう。駅を横切る中野通りは、東西に延びる丘を切断するように通っており、両側が小高くなっている。

中野駅から北に延びる中野ブロードウェイ周辺の家屋が密集しているのに対し、中野通りの西はやけに広々としている。中野サンプラザから、中野四季の森公園、東京警察病院あたりまで軍用地だったのである。当初は近《この》衛師団《えしだん》に属する鉄道・気球・電信といった新兵器を扱う部隊が配置され、それらが千葉や埼玉に転出したあとは、スパイ養成機関として名高い陸軍中野学校の敷地となった。警察病院の一角に中野学校の碑が立つ。

中野区役所前には、「かこい」と題された犬の群像が配置されている。生類《しょうるい》憐《あわれみの》令《れい》が実施された五代将軍徳川綱吉《つなよし》の時代、付近に東

⑨沼袋駅最寄りの新道橋から妙正寺川の上流方向を撮影

⑪妙正寺川に江古田川が合流する両岸は江古田公園。付近は一瞬都会を忘れさせる風景

⑩西武新宿線の列車が、新井薬師前〜沼袋間に架かる第４妙正寺川橋梁を渡ってゆく

⑫江古田公園に立つ古戦場碑。文明9年(1477)、太田道灌と豊島泰経の戦い

京ドーム約二〇個分といわれる広大な御囲《おかこい》屋敷があり、約八万頭の犬が収容されていた。その歴史に因み、昭和六年（一九三一）から四一年（一九六六）まで、あたりは囲《かこい》町《ちょう》という町名だった。

薬師《やくし》参道入口交差点から新井薬師《あらいやくし》の参道に入る。新井薬師に手を合わせ、裏に回る。中野通りを渡った新井薬師公園のひょうたん池は、中高年男性の釣り人で大賑わいだった。

西に歩くと、東京都下水道局中野水再生センターや平和の森公園に出る。この一帯は、昭和五八年（一九八三）までは中野刑務所だった。戦前は豊多摩刑務所と呼ばれ、未決囚を収容する拘置所《こうちしょ》の機能を備えており、思想犯も収容されていた。跡地の一部には最近まで法務省矯正《きょうせい》研修所東京支所があり、監獄時代の表門が保存されている。

⑮妙正寺川第一調節池（妙正寺川公園）。増水の際は右側部分いっぱいまで導水が可能

⑬妙正寺川と江古田川（右奥方向）の合流箇所にはでかでかと量水板が貼ってある

⑯川べりの丘に建物が並ぶ哲学堂公園。東洋大学を創設した井上円了の構想を現実化した

⑭妙正寺川第二調節池。水位が増した時に導水する池。上部は「哲学の庭」という園地

刑務所は、妙正寺川に突き出した岬のような高台に立地していた。坂を下り、新道橋《しんどうばし》から妙正寺川のほとりを下る。両岸とも完全に市街化されているが、江古田川《えごたがわ》が合流する一帯だけは江古田《えごた》公園として緑地が保存されている。江古田ヶ原沼袋《えごたがはらぬまぶくろ》古戦場碑が立つ。

妙正寺川北岸の哲学堂《てつがくどう》公園に来たら、対岸にも注目だ。古今東西の哲学者像が立つ哲学の庭の地下は妙正寺第二調整池。一〇万立方メートルの水を貯留できる。東隣のUR哲学堂公園ハイツは、前庭の妙正寺公園そのものが妙正寺第一調整池となっており、こちらの最大貯留量は三万立方メートル。幸い、ここ一〇年以上使用されたことはない。

昭和四年（一九二九）に建てられた荒玉水道《あらたますいどう》の野方配水塔《のがたはいすいとう》を仰ぎ見て、最終目的地の江古田《えごた》の森《もり》公園へと急ぐ。江古田川は河川敷の

⑰荒玉水道の配水塔として昭和５年（1930）に完成した野方配水塔。手前の道路は通称荒玉水道道路（都道428号）。道路に面したそばに、米軍空襲による機銃掃射の跡が残る

中央の溝を流れる細流にすぎないが、三面護岸が増水時の水量を想起させる。

江古田の森公園はかつての国立療養所中野病院の跡地。結核のサナトリウムが設けられたということは、当時のこの地域が「日当たりや空気など環境の良い高原」という条件に合致していたことを意味している。そう、大正時代の中野は、空気のいい郊外だった。

⑱江古田本村に因む名の本村橋から江古田川下流を撮影。ふだんは中央部を流れる細流

⑲東京総合保健福祉センター江古田の森。平成５年（1993）まで国立療養所中野病院

15

杉並のお屋敷と善福寺川探勝

歩行距離：5キロ
所要：3時間30分
最寄り駅：荻窪駅／中野富士見町駅

杉並区は、中野区の西に位置している。神田川水系の河川が西から東に流れ、往時は河川沿いの低地に水田が分布し、台地には畑や樹林が広がり、中野区とよく似た地勢だった。区の中央部を東西方向に一直線に中央線が敷設《ふせつ》されているが、鉄道開通前は、新宿追分《しんじゅくおいわけ》から西に延びてきた青梅《おうめ》街道沿いに家屋が並ぶのが目立つ程度で、典型的な近郊農村だった。

かつての杉並村《すぎなみむら》当時の豪農の長屋門《ながやもん》が、荻窪《おぎくぼ》駅近くの藤澤《ふじさわ》ビル前に曳き家されて残っている。この敷地は、名主《なぬし》を務めた中田《なかた》家の屋敷だった。門の右脇に建つのは明治天皇が行幸《ぎょうこう》した際の休息所だという。屋敷の北側の道が当時の青梅街道だった。荻窪駅が現在の位置に開業したのは、青梅街道が通っていたからと考えて間違いあるまい。

中田家は、鷹狩りに訪れた一一代将軍徳川家斉《いえなり》が休息所として利用。その縁で武家風の長屋門が許されたらしい。明治天皇の臨幸は、明治一六年（一八八三）四月一六日と二三日の二度。最初は埼玉県の所沢《ところざわ》や飯能《はんのう》で実施された近衛諸隊《このえしょたい》の春期小演習御覧《しゅんきしょうえんしゅうごらん》に向かう途中。二度

①近衛文麿の荻外荘を公園化した荻外荘公園。かつては手前に池と庭園があり、崖線上に住居があった。近衛に大命降下した際は、手前の庭園が組閣を報道する新聞社のテント村になった

目は、愛馬金華山《きんかざん》号《ごう》に騎乗して小金井《こがねい》まで遠乗りする途中だった。

賄《まかない》付《つ》き高級アパートとして昭和初期に開業した西郊《せいこう》ロッヂングは、建物が国の登録有形文化財。旅館業を始めたのは戦後らしいが、西郊という名称が、当時の中央線沿線に対する世間の認識を物語っている。

荻窪駅南に広がる善福寺川《ぜんぷくじがわ》を望む台地は、

②荻窪駅から300m東に、古風な長屋門と明治天皇荻窪御小休所の石碑が残る

③昭和5年(1930)に創業した西郊ロッヂング。本館は旅館、正面の新館は賃貸アパート

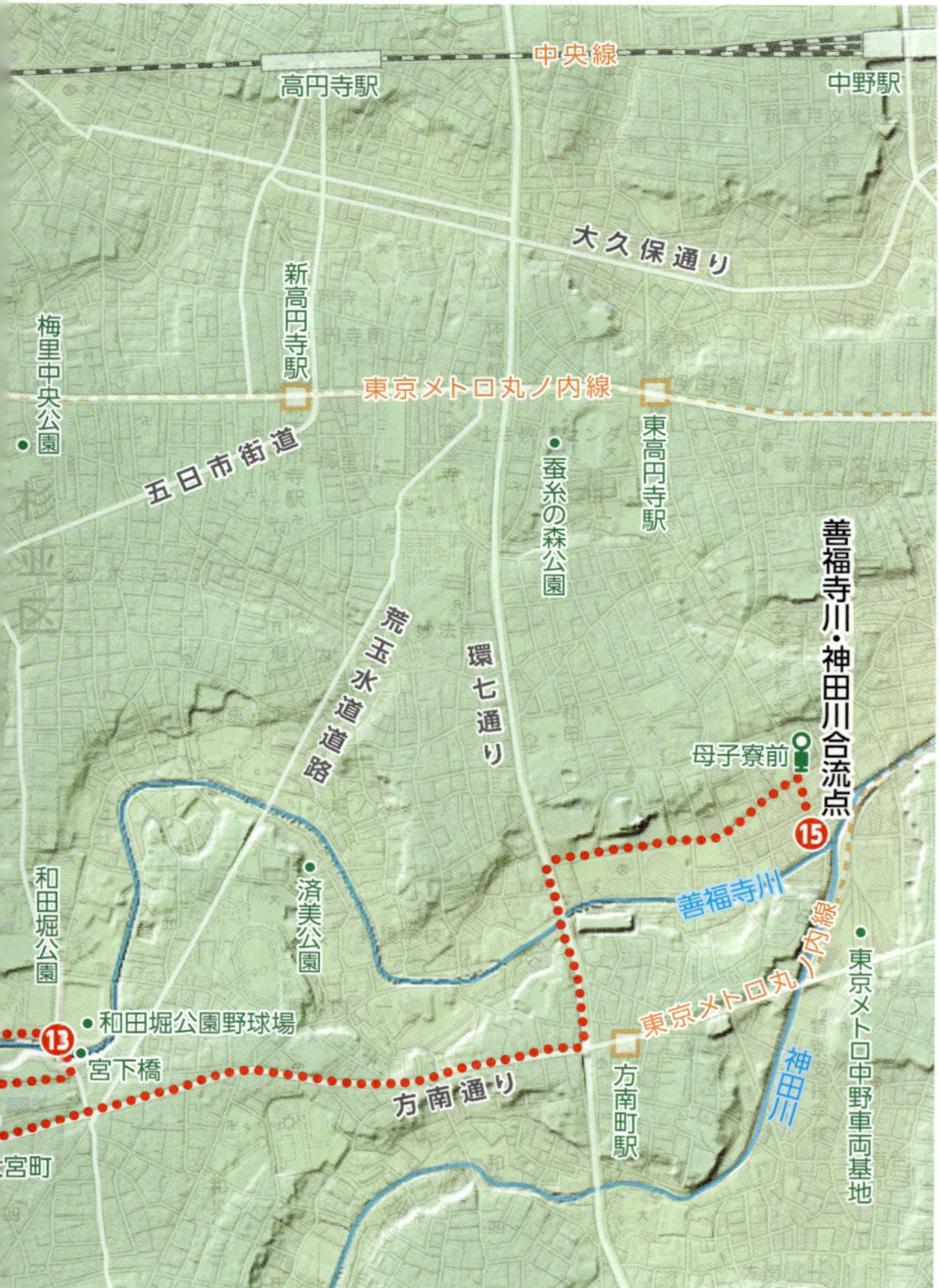
中央線
高円寺駅
中野駅
大久保通り
新高円寺駅
梅里中央公園
東京メトロ丸ノ内線
東高円寺駅
五日市街道
蚕糸の森公園
杉並区
善福寺川・神田川合流点
荒玉水道道路
環七通り
母子寮前
15
善福寺川
和田堀公園
済美公園
東京メトロ丸ノ内線
東京メトロ中野車両基地
和田堀公園野球場
13
宮下橋
方南通り
方南町駅
神田川
大宮町

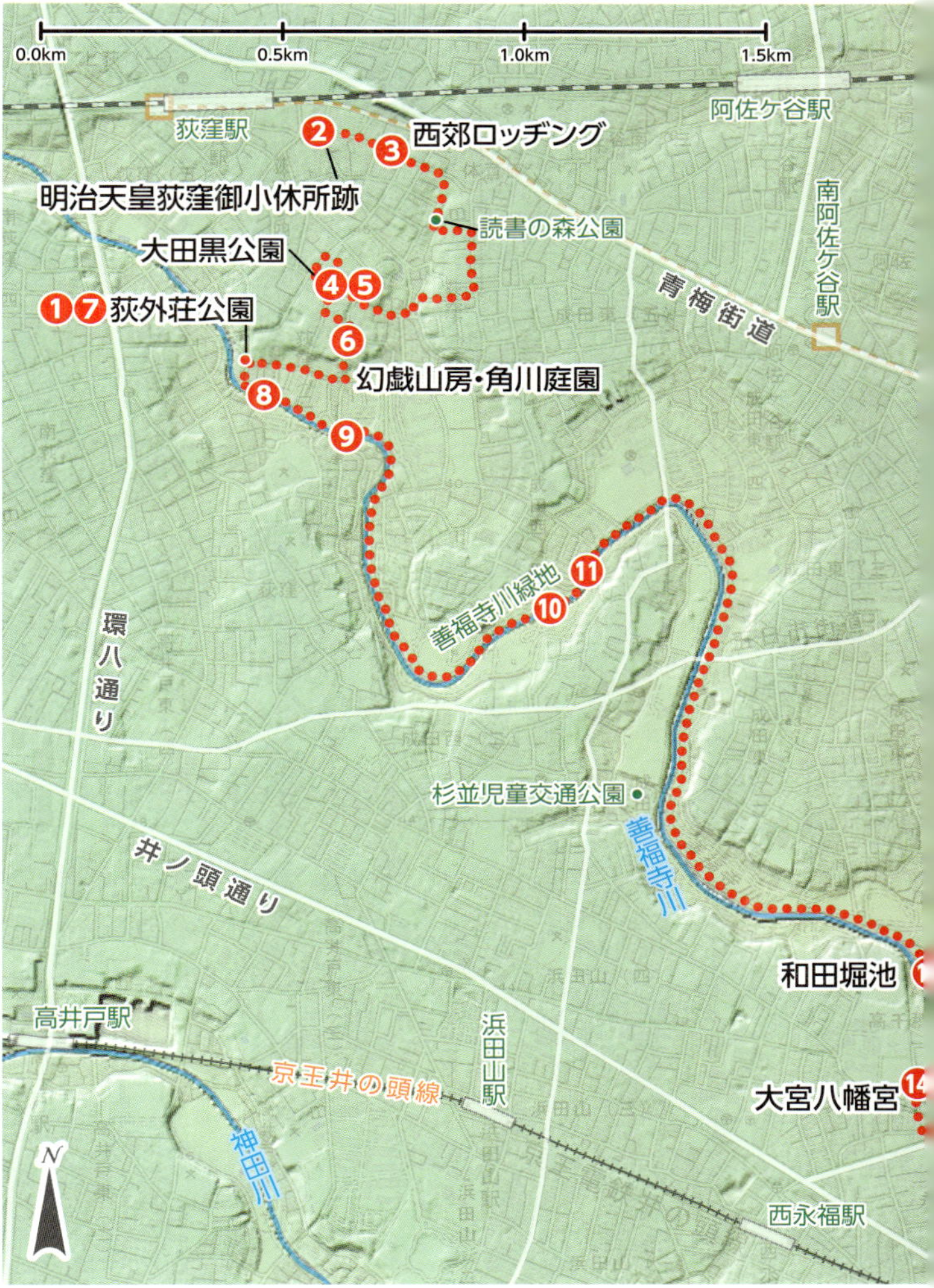
0.0km
0.5km
1.0km
1.5km
荻窪駅
阿佐ケ谷駅
2
3
西郊ロッヂング
明治天皇荻窪御小休所跡
読書の森公園
南阿佐ケ谷駅
大田黒公園
4 5
1 7 荻外荘公園
青梅街道
6
幻戯山房・角川庭園
8
9
11
10
善福寺川緑地
環八通り
杉並児童交通公園
善福寺川
井ノ頭通り
和田堀池
高井戸駅
浜田山駅
京王井の頭線
14
大宮八幡宮
神田川
N
西永福駅

⑥角川源義の幻戯山房。昭和30年（1955）に完成した近代数奇屋造りの建物

④大田黒公園。入り口から100ｍにわたって樹齢100年を超えた銀杏の並木がつづく

⑦荻外荘公園の崖線上にある旧近衛邸の住居部分。2019年から整備が始まる予定

⑤大田黒公園の洋館。昭和８年（1933）に建てられ、大田黒元雄の仕事場として使われた

都心から交通の便がよい割に環境に恵まれていたこともあり、大正のはじめから別荘地として注目されていく。貴顕《きけん》の豪邸が並んだのは、善福寺川を見下ろす荻窪二丁目と三丁目の高台である。読書《どくしょ》の森《もり》公園と大田黒《おおたぐろ》公園もそうした邸宅の一つだった。読書の森公園は、菊野七郎邸跡。加賀藩士だった菊野は江戸でフランス語を学び、維新後は翻訳や通訳に活躍。大田黒公園は、音楽評論家の大田黒元雄の屋敷だった。

近衛文麿《このえふみまろ》が昭和一二年（一九三七）一二月以降居宅としたのが、荻外荘《てきがいそう》である。もともとここは、入澤達吉《いりさわたつきち》（東京帝大医学部教授や宮内省侍医頭《じいのかみ》を歴任）が明治四〇年代に土地を購入。引退後の終《つい》の住み処《すか》にしようと、義弟（夫人同士が姉妹）の伊東忠太《いとうちゅうた》（築地本《つきじほん》願寺《がんじ》などの設計で名高い建築家）に設計を任

⑧荻外荘そばを流れる善福寺川。川底の護岸のコンクリートを除去するなどしている

⑨石を並べた善福寺川の河床。せせらぎの音がよみがえった。背後に見えるのは松渓橋

⑩善福寺川公園付近を流れる善福寺川。せきれい橋〜屋倉橋

⑪善福寺川公園の善福寺川では、カモの姿を方々で見かけた。成田上橋〜成田下橋

せ、昭和二年（一九二七）に邸宅が完成していた。屋敷からは善福寺川や富士山が一望でき、眺望を守るために崖線下の水田や対岸の松林まで買い求めたという。

　近衛はこの屋敷をすっかり気に入り、入澤からせがむようにして購入したらしい。

　西《さい》園《おん》寺《じ》公《きん》望《もち》に荻外荘と命名された屋敷は、昭和一五年（一九四〇）と翌年、総理大臣の近衛が主宰した荻外荘会談の舞台となり、一躍世間の注目を浴びる。

　東京水道道路を近衛が「井《い》の頭《かしら》街《かい》道《どう》」（現在の井ノ頭通り。一三五ページに碑の写真）と命名したのは、荻外荘から永《なが》田《た》町《ちょう》までの途次、この道路を頻繁に利用していたということも大きい。

　終戦後の昭和二〇年（一九四五）一二月、GHQから戦犯容疑で出頭要請を受けた近衛は、二階の書斎兼寝室で服毒自殺している。

近年、杉並区が旧近衛邸を購入し、公園整備が決定。池などのあった庭園部分が芝生広場として開放されており、荻外荘会談の行われた応接間も、巣鴨の宗教団体施設から再移築される予定だ。

近くの幻戯山房《げんぎさんぼう》は、角川《かどかわ》書店を創業した角川源義《げんよし》の旧邸。近衛邸と同じ崖線が庭を通っている。新築から五年後の昭和三五年（一九六〇）、南側の水田が埋め立てられて住宅公団荻窪団地（現在はシャレール荻窪に建て替え）が建設されたため、シラカシを植樹して目隠しとした。景観をあきらめてプライバシーを守ったのである。

[illegible]善福寺公園、善福寺川緑地、和田堀《わだぼり》公園の三箇所。いずれも善福寺川

⑫和田堀公園の和田堀池は、昭和30年代半ばに造成された池。大小2つの中島がある

⑬和田堀第六号調節池の流入口。奥の野球場が調整池としての機能を発揮する

⑭善福寺川を見下ろす高台に鎮座する大宮八幡宮。都内有数の広い境内を誇る

⑮善福寺川（右）が神田川に合流する地点。左側は地下鉄丸ノ内線の中野車両基地

に関係しているが、今回歩くのは、善福寺川緑地と和田堀公園。両方とも善福寺川の氾濫原だった場所で、水田地帯で開発が遅れたことが幸いした。通して歩くとその距離は約四キロにもなるが、川べりを歩くと、せせらぎの音が耳に心地いい。気づかないうちに歩き通してしまった。

和田堀第六号調節池でもある和田堀公園野球場手前の宮下橋《みやしたばし》から急な坂を上ると、大宮《おおみや》八幡宮《はちまんぐう》の大鳥居が現れる。周囲は都内有数の境域を誇る大宮八幡宮の境内林が広がる。

ここで行程を終えることもできたが、神田川と善福寺川との合流地点がどうしても見たくなり、急遽参道そばの大宮町《おおみやちょう》バス停から乗車。母子寮前《ぼしりょうまえ》で下車して、目的地へと急ぐ。合流点はきれいなY字をしており、流量はほぼ同等に見えた。

番外

山手線高低差紀行

走行距離：34・5キロ
所要：1時間
※JR東日本の「都区内パス」を使用

環状運転しているためか、はたまた円《まる》く描かれた路線図のためか、山手線は円形をしていると思い込んでいる人が多いようだ。だが左ページを見てもらいたい。山手線の線形は、南北方向に長く東西方向が極端に短い。なぜ山手線はいびつな形をしているのか。

実は山手線はいくつもの路線の集合体である。それらをつなぎあわせ、最初の鉄道開業から半世紀以上経った大正一四年（一九二五）に環状運転がようやく実現したのである。

最初に建設されたのは、新橋（のちの汐留《しおどめ》）から品川まで。明治五年（一八七二）に開業した新橋〜横浜間の官設鉄道の一部としてである。次に建設されたのは、上野から田端《たばた》まで。現在の東北本線を敷設した日本鉄道《にっぽんてつどう》（私設鉄道）の路線の一部だった。つづいて着工したのは、品川から赤羽《あかばね》にいたる西側ルートで、品川線という名称で日本鉄道が一気に建設した。明治一八年（一八八五）三月一日の開業当日の途中の停車場は、板橋、新宿、渋谷のみだった。

日本鉄道は、東日本各地に路線を延ばしていた。現在の常磐線もその一つだ。当時、隅田川《すみだがわ》

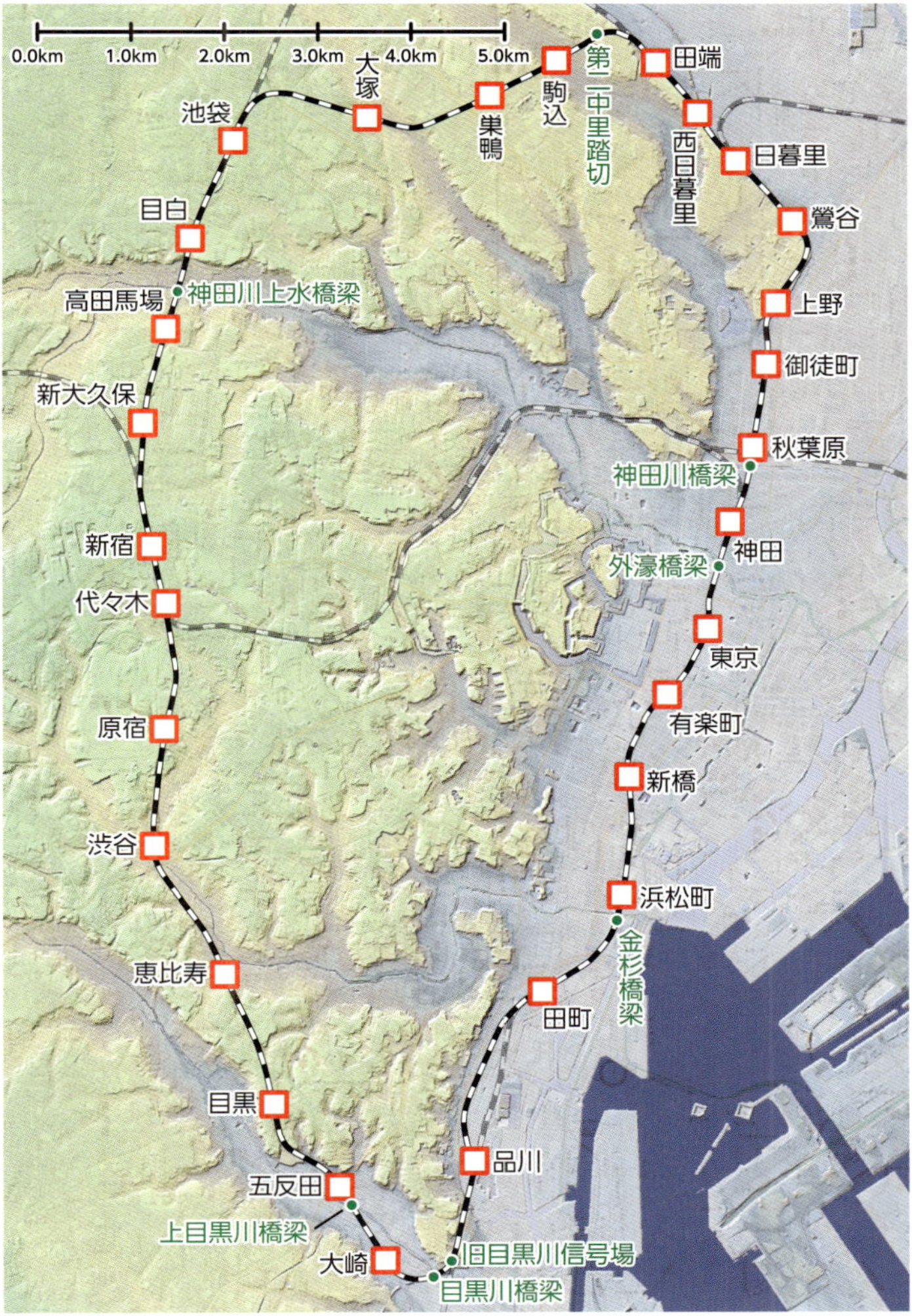
0.0km
1.0km
2.0km
3.0km
4.0km
5.0km
池袋
大塚
巣鴨
駒込
第二中里踏切
田端
西日暮里
日暮里
鶯谷
上野
御徒町
秋葉原
神田川橋梁
神田
外濠橋梁
東京
有楽町
新橋
浜松町
金杉橋梁
田町
品川
旧目黒川信号場
目黒川橋梁
大崎
上目黒川橋梁
五反田
目黒
恵比寿
渋谷
原宿
代々木
新宿
新大久保
高田馬場
神田川上水橋梁
目白

線・土浦《つちうら》線と呼称された常磐線は、今のように三河島《みかわしま》から急カーブで日暮里《にっぽり》に回り込むのではなく、三河島からそのまま西進して田端に連絡するルート（現在は貨物線として残る）だった。ほどなく、常磐方面と京浜方面との連絡線建設が持ち上がる。常磐炭鉱の石炭輸送は、国家にとって非常に重要だったからである。

田端から線路を敷設し、品川線と結ぶ路線は最初豊島《としま》線と呼ばれた。日本鉄道は当初、田端から南西に一直線に線路を建設して目白で品川線と接続する計画だったが、途中で変更して目白の北に池袋停車場を開設して接続している。この区間がM字状なのは、こうした経緯による。用地買収の遅れや土砂の切り取りに時間を費やしたため、わずか五・二キロを完成させる

明治43年(1910)に完成した内幸町橋高架橋。当初は奥の２本が列車線、手前２本が電車線（山手線）だった（有楽町〜新橋）

きれいな弧を描くカーブはかつての海岸線そのまま。海岸沿いの海中に築堤を築いて線路を敷設したからである（田町〜品川）

五反田は地盤が低く、山手線は高架を通る。山手線とほぼ同じ高さの五反田横断歩道橋は東京で最初に完成した歩道橋（五反田駅）

のに一年以上かかった。明治三六年（一九〇三）に開業。

最後に残った上野〜新橋間は、政府主導だった。工事が本格化するのは、日露戦争後の明治四一年（一九〇八）からである。高架による建設が進められ、明治四二年（一九〇九）、それまでの新橋とは別線上に烏《からす》森《もり》停車場（現在の新橋駅）が開業。大正三年（一九一四）一二月には、東京駅開業式典が華々しく開催された。その後、最後の区間となった秋葉原〜神田が開通したのは、大正一四年（一九二五）一一月だった。

前置きが長くなった。今回は東京駅から乗車する。特等席は運転席の斜め後ろだ。乗車したのは品川から渋谷・新宿方面の「外回り」電車である（いつも思うのだが、「外回り」「内回

目黒駅の手前で半径475mのカーブとなる。明治23年（1890）に移転するまで目黒停車場はこの手前にあった（五反田〜目黒）

花房山の高台から目黒駅に向かう山手線を撮影。20パーミルの急勾配が目黒駅まで約400mつづく（五反田〜目黒）

目黒駅。山手線開通当初は駅ではなくトンネルが存在した。手前を山手貨物線（埼京線・湘南新宿ライン）が通過する

山手線縦断面図

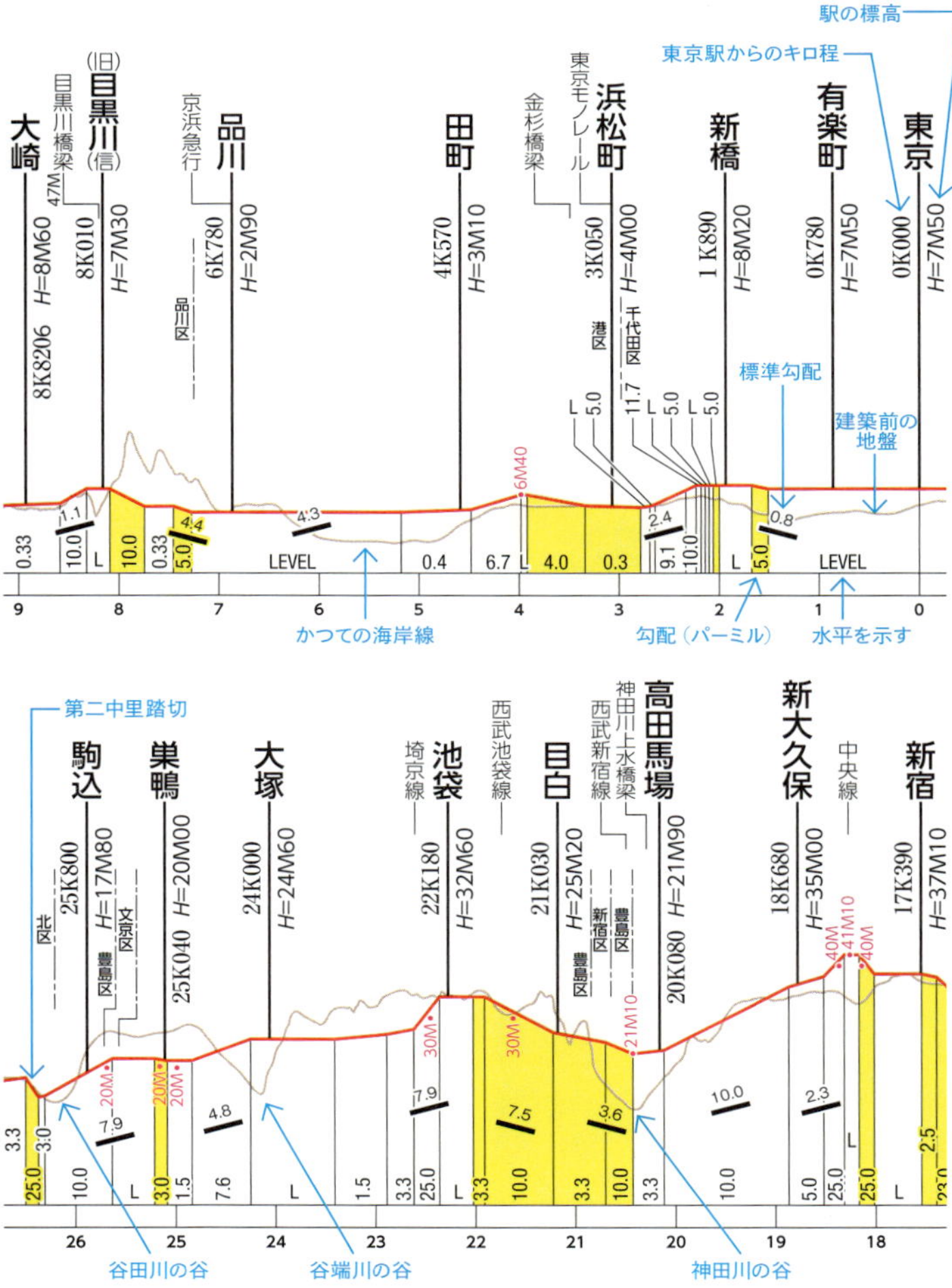

駅の標高
東京駅からのキロ程
東京 0K000 H=7M50
有楽町 0K780 H=7M50
新橋 1K890 H=8M20
浜松町 3K050 H=4M00
東京モノレール
金杉橋梁
港区
千代田区
田町 4K570 H=3M10
品川 6K780 H=2M90
京浜急行
品川区
(旧)目黒川(信) 8K010 H=7M30
目黒川橋梁
47M
大崎 8K8206 H=8M60
標準勾配
建築前の地盤
6M40
LEVEL
かつての海岸線
勾配(パーミル)
水平を示す
第二中里踏切
駒込 25K800 H=17M80
北区
豊島区
文京区
巣鴨 25K040 H=20M00
大塚 24K000 H=24M60
池袋 22K180 H=32M60
埼京線
西武池袋線
目白 21K030 H=25M20
新宿区
豊島区
西武新宿線
神田川上水橋梁
高田馬場 20K080 H=21M90
21M10
新大久保 18K680 H=35M00
中央線
40M
41M10
新宿 17K390 H=37M10
20M
30M
谷田川の谷
谷端川の谷
神田川の谷

『日本鉄道名所　勾配・曲線の旅』3・4（宮脇俊三・原田勝正編／小学館）より作成

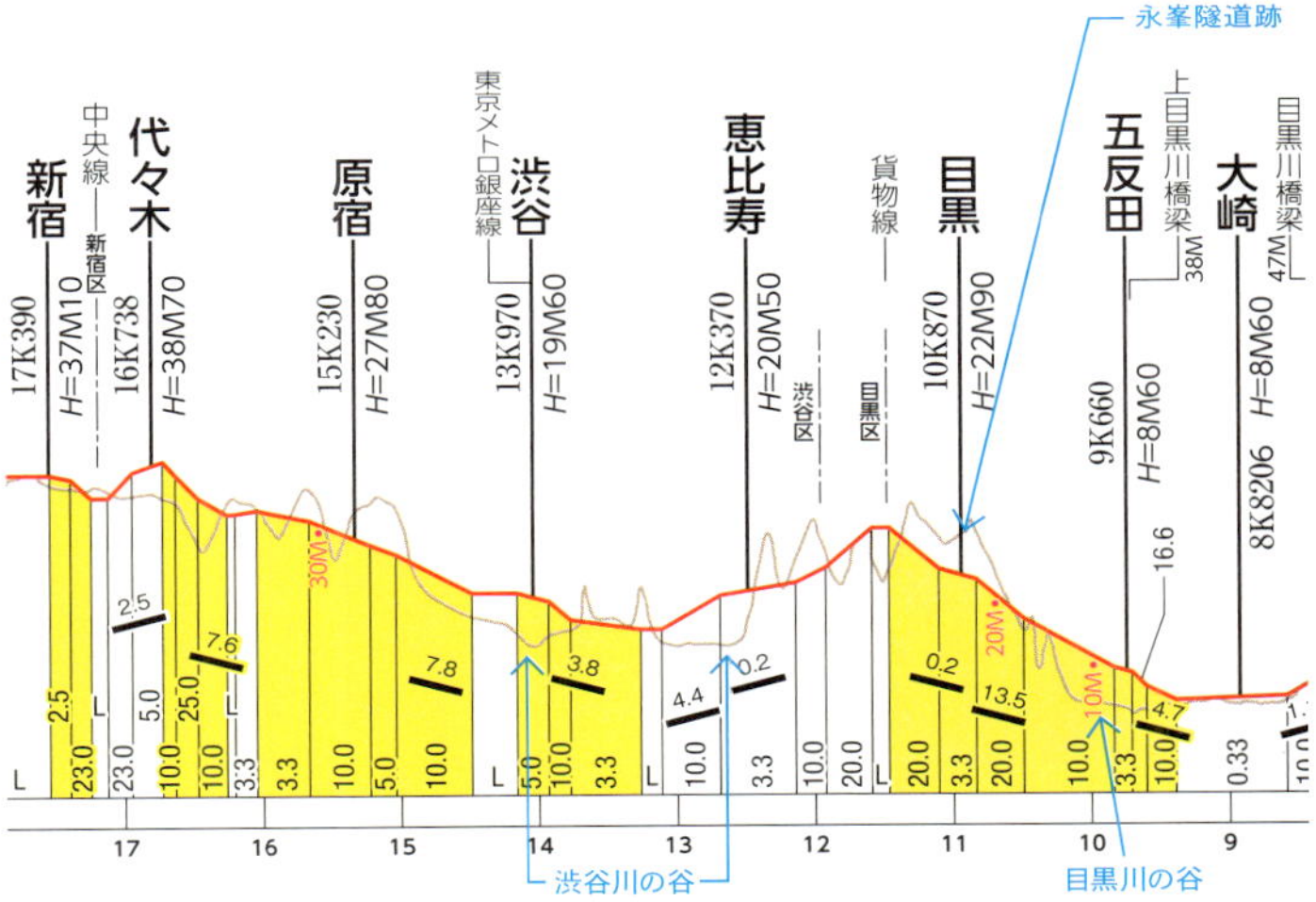

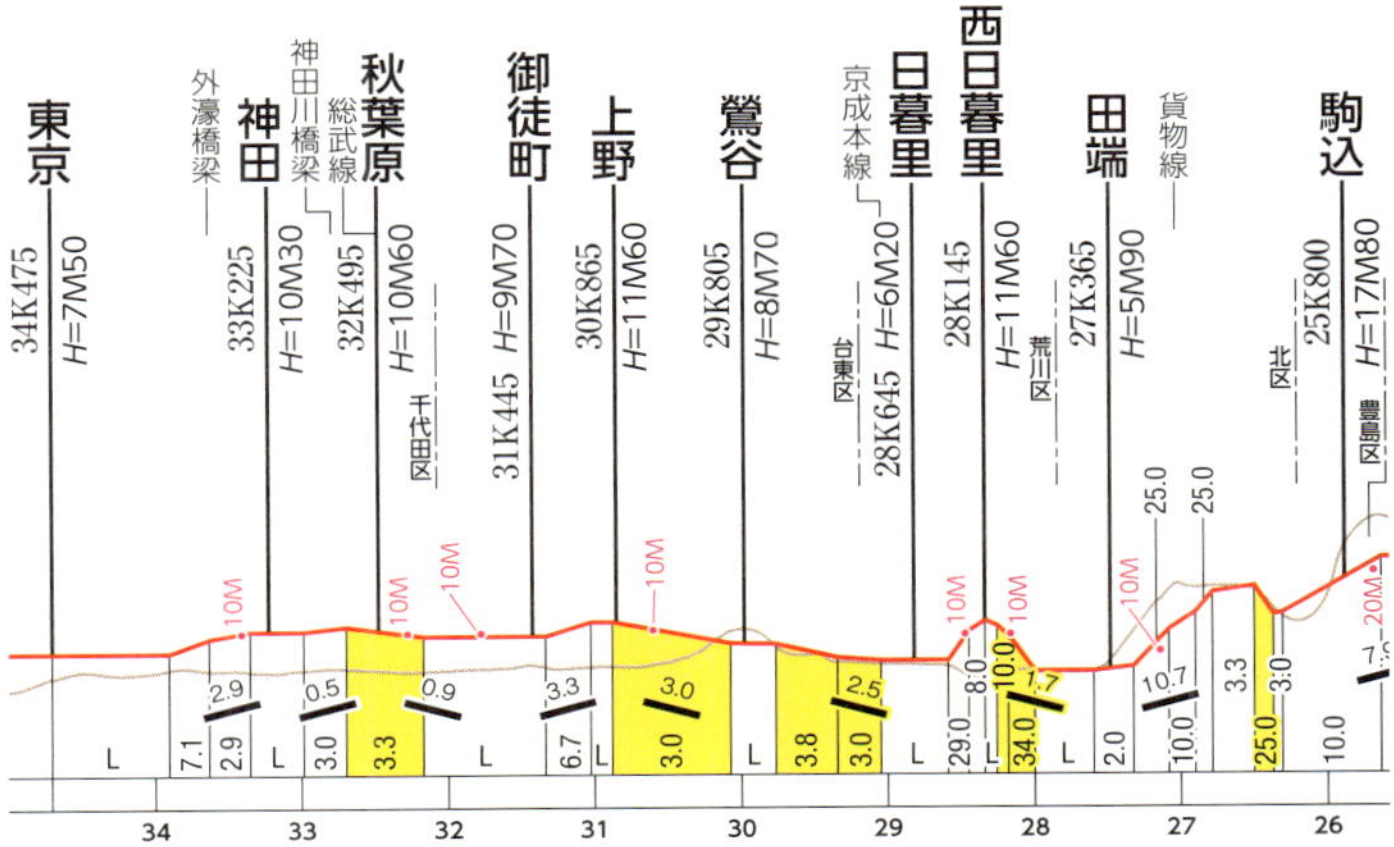

り」より「右回り」「左回り」と表現した方がわかりやすいと思う）。

高架を通るためだろうが、あまり地形を意識することはない。有楽町を出ると、帝国ホテルのところから、もとの外濠沿いを南下する。外濠は東京高速道路に変わったが、新幹線の高架に遮られて見えない。

新橋をすぎると高架は終り、一〇パーミル程度の下りで地盤と同じ高さを走る。浜松町から先、浜崎橋《はまざきばし》ジャンクション近くの首都高をくぐったところからゆるやかに右にカーブする。その先の芝浦《しばうら》ガード（もと古川《ふるかわ》の分流だった入間川《いりあいがわ》の流路）の部分だけ二メートル以上高いのは、かつて路面電車が下を通っていたためだろう。

明治初年、入間川の先からは、芝浜《しばはま》の海岸線から少し沖合に築堤を建設して品川まで通した。きれいな弧を描くのはそのため。軍用地を通すなという兵部省《ひょうぶしょう》からの強い拒絶に遭ったことによる苦肉の策だったが、それが明治以前の海岸線を化石のように保存しているのである。

田町《たまち》の先で、京浜東北線がオーバークロスして右から左に回る。左方で何台もの重機が動いている。田町～品川間の新駅工事である。ここは品川操車場跡地で大正時代の埋立地（一〇一

左側2線が山手貨物線。現在の山手線は高い位置を通る（目黒～恵比寿）

渋谷駅の手前の桜丘は地盤が高く、山手線と道路がほぼ同じ高さを通る（恵比寿～渋谷）

原宿駅に入線する山手線の電車。右に見えるのは皇室専用ホーム（正式には「原宿駅側部乗降場」）。夕暮れ時には明かりがともり幻想的。原宿駅ホームから撮影（原宿〜代々木）

ページ参照）だ。

品川駅を出た山手線は、京急線のトラス橋と八《や》ツ《つ》山《やま》陸橋《りっきょう》をくぐるとしだいに右に曲がり始め、いちばん山側の高い位置を通過。右側に擁壁や崖がつづくが、このあたりが御殿《ごてん》山《やま》だった。

大《おお》崎《さき》の前後で二度目黒川を渡り、途中から一〇パーミルの上りとなる。約五メートルの

代々木付近の山手貨物線は踏切がある。厩道（うまやみち）踏切を通過する埼京線の列車

神田川上水橋梁を通過。13 mの標高差があり、ちょっとした渓谷の趣（高田馬場〜目白）

高架上の五《ご》反《たん》田《だ》駅を出発。五反田と一つ先の目黒の駅構内だけは三・三パーミルに勾配が緩和されている。首都高速二号線をくぐると半径四七五メートルの右カーブとなり、二〇パーミルの急勾配が始まる。目黒川と渋谷川の間の尾根を横断しているのだ。

大崎から先は貨物線（埼《さい》京《きょう》線・湘《しょう》南《なん》新宿ライン）が並走するが、目黒の先までの貨物線が、ほぼずっと一〇パーミルを保っているのは、勾配が苦手な貨物列車を考慮してのことだろう。そのために目黒駅付近は山手線より四メートル近くも低い位置を通っている。

明治一八年（一八八五）の鉄道開業当時、今の目黒駅の位置には永《なが》峯《みね》隧《ずい》道《どう》（三七メートル）が存在した。このトンネルは、山手線が複々線化された大正七年（一九一八）に撤去されてし

山手線は貨物線を乗り越すため、25パーミルの急勾配となる。以前は急勾配の手前に第一中里踏切があった（駒込〜田端）

谷田川の流路に架設された中里用水架道橋。手前左側には谷田川に架かっていた橋の高欄らしき遺構が残る（駒込〜田端）

第二中里踏切は山手線本線上に残る唯一の踏切。なぜか未だに蒸気機関車を描いた注意標識が設置されている（駒込〜田端）

まったが、現在も深い切り通しとなっており、かつての地形がしのばれる。トンネル上を三田《みた》用水が横断していたことから、用水路への配慮という面が大きかったと思われる。

開業当時の目黒停車場は現在の目黒駅よりも五〇〇メートルほど南の上大崎三丁目交差点付近にあった。この位置は不便だったためか、地元の請願により、明治二三年（一八九〇）に権《ごん》之助《のすけ》坂《ざか》上の繁華な現在地に移転している。因みにここは目黒区ではない。品川区である。

目黒駅の先で貨物線を乗り越し、下り勾配となって、渋谷川の谷際に開設された恵比寿《えびす》駅をすぎる。渋谷駅の手前から代々木《よよぎ》駅までは上りとなる。代々木付近の貨物線は地上を走行しており、開業当時の山手線の面影を伝えている。

かつての山手線は斜面のあたりをトンネルで抜けていた。坑門の遺構が富士見橋直下に顔を覗かせている（駒込〜田端）

上の写真の坑門の遺構を望遠レンズで撮影。煉瓦と自然石を用いた坑門が露出しているのが見てとれる（駒込〜田端）

大正14年（1925）に完成した神田川橋梁を渡る山手線と京浜東北線。後ろは品川まで乗り入れる常磐線特急（秋葉原〜神田）

新宿の大《おお》ガードをすぎたところで中央線を乗り越すが、ここが山手線の最高地点（四一・一メートル）。以降、神田川上水橋梁《かんだがわじょうすいきょうりょう》までは下りとなる。橋梁通過後は上り勾配に転じ、気づかぬうちに西武新宿線を越え、神田川北岸の崖を築堤で一気に上り、目白へ。目白駅構内から池袋にかけてはほぼ地上を走る。

池袋からは、埼京線をくぐる関係で、急に右に折れ、擁壁に囲まれた中を二五パーミルの下り勾配となる。切り通しを通過し、谷端川《やばたがわ》の刻んだ小石川谷《こいしかわだに》に立地する大塚駅に到着。築堤から再び切り通し区間に入り、巣鴨《すがも》へ。その隣の駒込《こまごめ》は、谷田川《やたがわ》が刻んだ古石神井川谷《こしゃくじいがわだに》の崖際に立地しており、巣鴨方《かた》が切り通し、田端方が築堤となっている。谷田川は昭和初期まで開渠で流れており、駒込駅の先で通過する中里用水架道橋《なかざとようすいかどうきょう》の下を通っていた。

すぐに二五パーミルの上りとなり、山手線唯一の第二中里踏切《だいになかざとふみきり》を通過。そのまま上り、左に貨物線が分岐して中里隧道の坑門《こうもん》を見とどけ、富士見橋《ふじみばし》をくぐると二五パーミルの下り急勾配で半径四四〇メートルの右カーブ。右に京浜東北線北行《ほっこう》の田端隧道がちらりとかすめる。

二五パーミルの急勾配で坂を下り、田端駅に入ると、日暮里の先の鶯谷《うぐいすだに》までは、西日暮里付近を除いて崖際を走る。上野から先は高架だ。

秋葉原を発車直後に神田川橋梁を渡る。左から新幹線と上野東京ラインが二層構造で屏風のように聳えている。神田をすぎ、滑走路のように空に延びている中央線の高架ホームの線路が視界に飛び込むと、まもなく東京駅に到着だ。

日暮里から北に延びる道灌山の尾根を大胆に切り開いて山手線は敷設された。昔も今も山手線は25パーミルの急勾配を上り下りしている。後ろの高架橋は新幹線（駒込〜田端）

日暮里駅北口の下御隠殿橋からは、道灌山の崖下を通る列車を一望できる。戦後、山側に線路を増設した際、谷中の墓地だった斜面から古い人骨が出てきたこともあった（西日暮里〜日暮里）

4 東京広域の地形を歩く

一七二ページ以降の重ね地図は、東京周辺の地質図である。地質図とは、「表土の下にどのような種類の石や地層がどのように分布しているか」を示した地図のこと。つまり基盤となる石や地層とその構造を描いた分布図である。

台地の輪郭をなぞるように敷設されている京浜東北線を境に西側が段丘《だんきゅう》の色分けとなる。因みにここでいう「段丘」とは、台地と同じ意味合いと考えていいだろう。

この図のうち、東京都内に存在する段丘は、凡例によれば「後期更新世《こうしんせい》前期（一二万六〇〇〇年〜七万年前）に形成された段丘堆積物」（武蔵野面）と「後期更新世（一二万六〇〇〇年〜一万一七〇〇年前）の汽水成層《きすいせいそう》ないし海成・非層海成混合層」（下末吉面《しもすえよしめん》）の二種類。汽水成層とは汽水のある地域（三角州・潟など）に形成された地層のこと。海成・非海成とは、堆積物が海底で形成された（海成）もしくは陸でできた（非海成）ことを示す。

皇居などの都心部、あるいは世田谷区から品川区にかけて、少し濃い緑色に塗り分けられた地盤が「下末吉面」である（名称は、この層の代表的な地点である横浜市鶴見区下末吉に由来）。一三万年前に起こったとされる最終間氷期に温暖化が進み、氷河や氷山が解けて海面が上昇。関東平野全体が広大な湾（古東京湾）になっていた時代に海底に堆積した層で、七万年前に始まったとされる海退時に、海面が下がって陸地化した。その後川に侵食され、削り残ったとされている。

　一方、東京都区部の西部の大半を覆う黄緑色に塗り分けられた部分が、下末吉面より新しく形成された「武蔵野面」と呼ばれる台地である。七万年前に始まった海退で、海面が下がって陸地になった下末吉面が古多摩川などに削られ、青梅付近を扇頂《せんちょう》とする広大な扇状地《せんじょうち》が形成されていったとされる。その後、隆起して台地状になった。

　下末吉面も武蔵野面も、さらにその上に富士火山や箱根火山の噴火などによる火山灰層（関東ローム層）が厚く堆積している。

　南北のほぼ同じ標高に井《い》の頭池《かしらいけ》や善福寺池《ぜんぷくじいけ》をはじめとする湧水池《ゆうすいち》が見られるのも、関東ローム層の下に水を通しやすい扇状地の砂礫層《されきそう》が隠れているからだと思えば合点がいく。なお、善福寺池の上方に記された石神井池《しゃくじいいけ》は人工の池だが、すぐ左に位置する三宝寺池《さんぽうじいけ》は自然に形成された湧水池である。井の頭池・善福寺池・三宝寺池を総称して武蔵野三大湧水池と呼ばれることがある。

　重ね地図の埋立地は、古地図に基づき、一六五〇年ごろの海岸線を再現した。日比谷の入江など、江戸中心部に入り込んでいた低湿地の海はすでに埋め立てられている。

■重ね地図凡例

- 1650年以降の埋立地
- 完新世　谷底平野
- 完新世　自然堤防堆積物
- 後期更新世中期～後期更新世前期　段丘堆積物
- 後期更新世前期　段丘堆積物
- 後期更新世　汽水成層・非海成混合層
- 中期更新世後期　汽水成層・非海成混合層
- 更新世ジェラニアン期～中期更新世前期　海成層

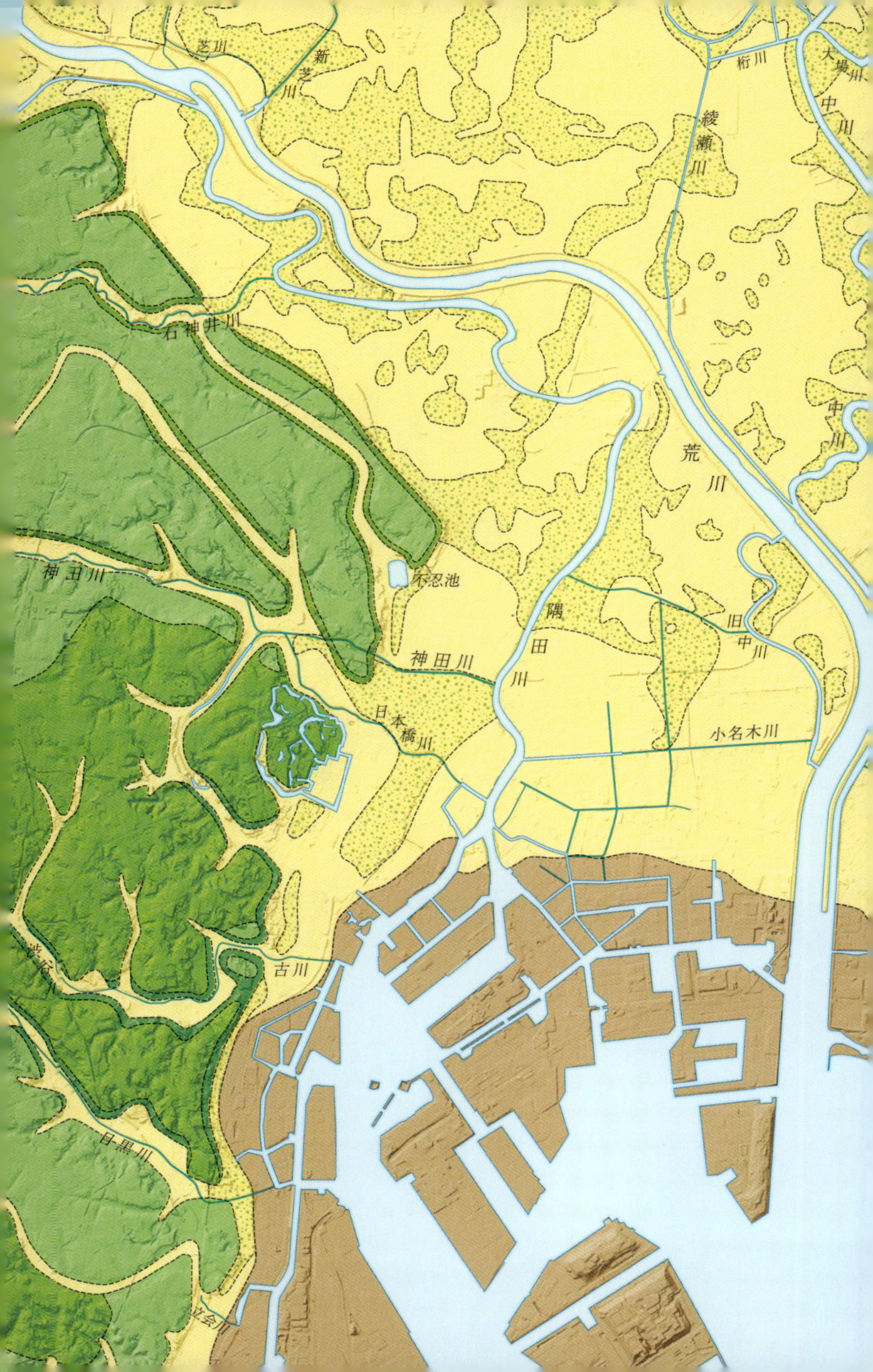
芝川
新芝川
桁川
大場川
中川
綾瀬川
石神井川
荒川
中川
神田川
不忍池
隅田川
旧中川
神田川
日本橋川
小名木川
古川
渋谷川
目黒川
立会川

1：140,000
0
5km
足立区
荒川区
北区
文京区
台東区
墨田区
葛飾区
江戸川区
千代田区
新宿区
中央区
江東区
港区
品川区
大田区
川口市

川口市
日暮里・舎人ライナー
舎人公園駅
谷在家駅
竹ノ塚駅
足立区
六町駅
大師前駅
西新井駅
北綾瀬駅
青井駅
五反野駅
高野駅
扇大橋駅
亀有駅
綾瀬駅
足立小台駅
北区
十条駅
赤羽駅
王子駅
北千住駅
熊野前駅
荒川区
青砥駅
葛飾区
下板橋駅
板橋駅
田端駅
三河島駅
巣鴨駅
駒込駅
豊島区
池袋駅
南千住駅
日暮里駅
八広駅
文京区
台東区
上野公園
上野駅
曳舟駅
墨田区
浅草駅
高田馬場駅
新宿区
飯田橋駅
平井駅
江戸川区
錦糸町駅
御茶ノ水駅
両国駅
新宿駅
千代田区
皇居
新宿御苑
四ツ谷駅
東京駅
中央区
江東区
隅田川
港区
豊洲駅
東京湾岸道路
新木場駅
荒川
中川
りんかい線
有明駅
品川台場
ゆりかもめ
五反田駅
品川駅
大崎駅
東京港
西小山駅
品川区
京浜港
大井町駅
西大井駅
大田区
1：140,000
0
5km
N

朝霞駅
朝霞市
和光市
和光市駅
和光IC
清瀬市
新座市
板橋区
成増駅
上板橋駅
練馬区
東久留米市
東久留米駅
大泉JCT
練馬IC
ひばりヶ丘駅
大泉学園駅
石神井川
豊島園駅
練馬駅
西東京市
井荻駅
中野区
武蔵野市
荻窪駅
阿佐ヶ谷駅
高円寺駅
吉祥寺駅
西荻窪駅
中野駅
武蔵境駅
三鷹駅
井の頭公園
杉並区
三鷹市
久我山駅
井の頭線
高井戸IC
笹塚駅
千歳烏山駅
明大前駅
下高井戸駅
下北沢駅
仙川駅
調布市
豪徳寺駅
国領駅
調布駅
経堂駅
三軒茶屋駅
小田急小田原線
狛江市
世田谷区
稲田堤駅
中野島駅
南武線
狛江駅
東京IC
都立大学駅
多摩区
多摩川
二子玉川駅
自由が丘駅
川崎市
登戸駅
溝の口駅
高津区
宮前区

越戸川
谷中川
新河岸川
黒目川
白子川
落合川
立野川
石神井池
富士見池
石神井川
江古田川
妙正寺川
善福寺池
善福寺川
井の頭池
神田川
仙川
野川
多摩川
谷戸川
二ヶ領本川
野川
丸子川
谷沢川
洗足池
平瀬川
二ヶ領用水
呑川

16 都区内の国分寺崖線を歩く

歩行距離：10キロ
所要：6時間30分
最寄り駅：多摩川駅・田園調布駅／二子玉川駅

国分寺崖線《こくぶんじがいせん》とは、大田区の田園調布《でんえんちょうふ》付近から世田谷区、調布市、国分寺市などを経て立川市にいたる三〇キロ以上つづく崖の連なりで、高低差は二〇メートル以上に達する。今回は田園調布から岡本《おかもと》あたりまで崖線の上下を歩いてみることにした。

最初に訪ねたのが、舌状台地の先端部に鎮座する多摩川浅間《たまがわせんげん》神社である。社地自体、浅間神社古墳と重なっており、社殿のある位置が後円部にあたると考えられている。富士山信仰で知られた古社で、参道には富士溶岩や板碑が配置され、富士塚に見立てられてもいる。多摩川の先には霊峰富士山を望むことができる。

周辺には亀甲山《かめのこやま》古墳や宝莱山《ほうらいさん》古墳、野毛大塚《のげおおつか》古墳をはじめ、多数の前方後円墳が点在する。浅間神社近くの多摩川台公園の

①地下化された田園調布駅に復元された旧駅舎。東口の坂を上りつめたところにある

②多摩川治水記念碑。河口から砧までの治水事業竣工を記念し昭和11年（1936）に建碑

④多摩川浅間神社は多摩川や富士を望む高台に鎮座。社殿は昭和48年（1973）の完成

③多摩川浅間神社の参道は、小御岳石尊や身禄の板碑など、富士塚同様の遺構が残る

⑤亀甲山古墳。墳丘は全長100ｍ以上あり、金網に覆われた生い茂る木立にしか見えない

敷地だけで大小一〇基の古墳が築造されている。前方後円墳の特徴は、人々の目に触れる場所に築かれたという点にある。大規模な古墳の多くが国分寺崖線上に集中するのは、多摩川を越えようとする人々に威容を見せる目的があったからだともいわれている。

全国的に最も知名度の高い東京の高級住宅地といえば田園調布だろう。田園調布の高級感をさらに高めているのが、田園調布駅西口から半径四〇〇メートルの範囲に広がる放射路と環状路の街路で、御屋敷町とでもいうべき独特の景観を形成している。

おとぎ話に出てきそうなマンサード屋根の田園調布の復元駅舎を東口から見ると駅舎が山の頂のように聳えている。だが、駅舎をくぐって、高級住宅地の西口にたどり着くと、駅前から見える街路はすべて上り坂で、逆に

駒沢オリンピック公園
駒沢通り
環七通り
都立大学駅
駒沢公園通り
目黒通り
東急東横線
緑が丘駅
東急大井町線
九品仏駅
自由が丘駅
東急大井町線
尾山台駅
大岡山駅
東京工業大学
東急目黒線
奥沢駅
環八通り
田園調布駅
丸子川
呑川
中原街道
雪が谷大塚駅
東急池上線
多摩川駅
亀甲山古墳
田園調布せせらぎ公園
等々力緑地
多摩川浅間神社
多摩川治水記念碑
1
2
3
4
5

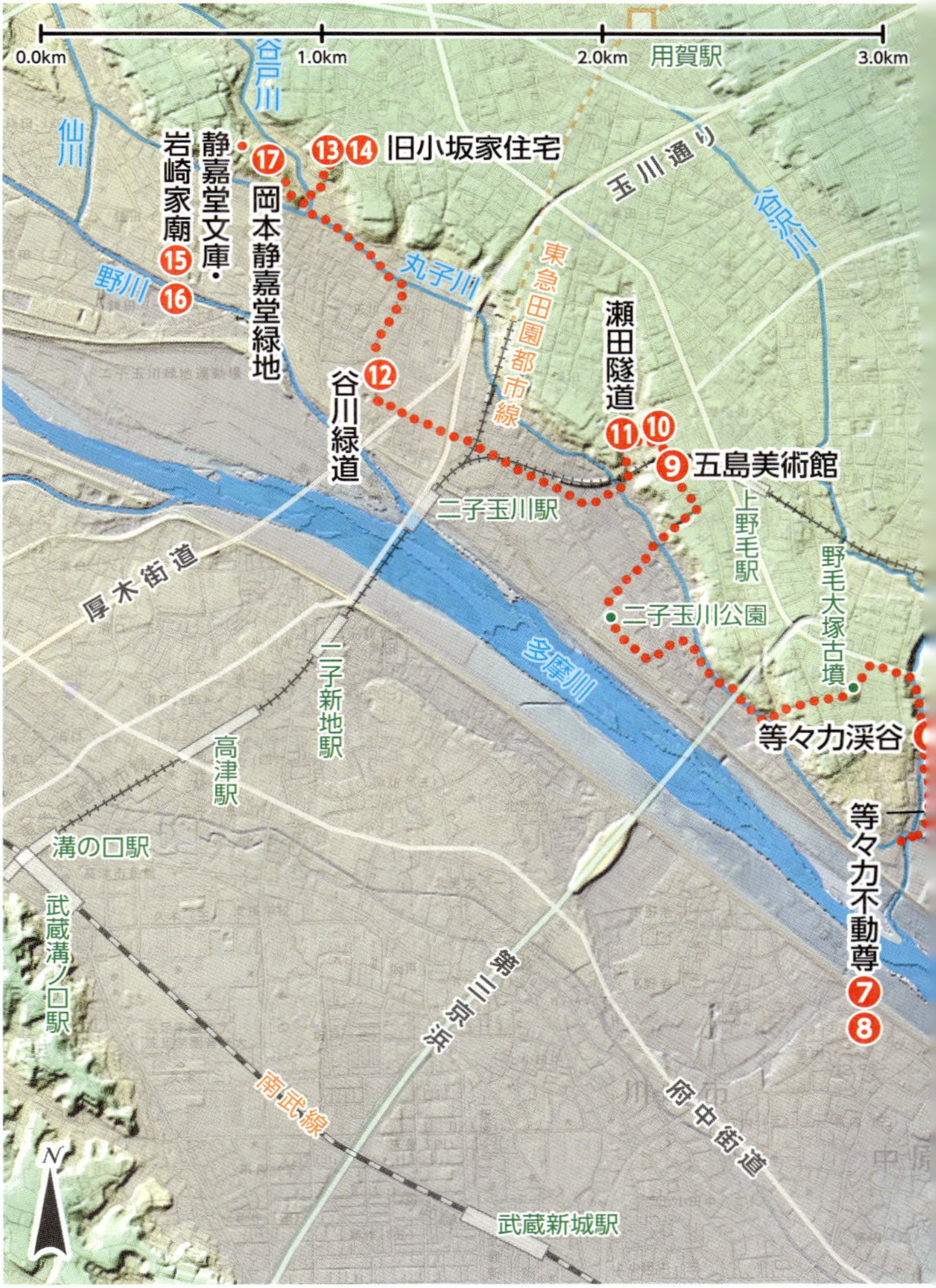
0.0km
1.0km
2.0km
3.0km
用賀駅
谷戸川
仙川
静嘉堂文庫・岩崎家廟
17
13 14 旧小坂家住宅
岡本静嘉堂緑地
玉川通り
谷沢川
15
16
野川
丸子川
東急田園都市線
瀬田隧道
12
谷川緑道
11 10
9 五島美術館
二子玉川駅
上野毛駅
野毛大塚古墳
厚木街道
二子玉川公園
多摩川
二子新地駅
等々力渓谷
高津駅
等々力不動尊
7
8
溝の口駅
武蔵溝ノ口駅
第三京浜
南武線
府中街道
N
武蔵新城駅

⑥等々力渓谷は、住宅地の中にある都会の別天地だ。豊富な湧水が国分寺崖線上の台地を侵食してできた渓谷で、台地上を流れていた谷沢川に到達して現在の流路となったとされる

駅舎がすり鉢の底のように見える。駅舎が町を見下ろしていた東口とは逆に、西口は駅舎が下僕《げぼく》のようにかしずいている。

　田園調布の高台を多摩川方向に下り、丸子《まるこ》川《がわ》のほとりを北西へと歩く。しばらく行くと川の「立体交差」が見られる。国分寺崖線を横断して北から南に流れる谷沢川《やざわがわ》と、国分寺崖線のへりに沿うようにゆったりと西から東

⑦等々力渓谷は信仰の場でもある。不動の滝では、現在も水ごりをする行者がいるという

⑧不動の滝から階段を上りつめると、不動明王が祀られた等々力不動尊に出る

に流れる丸子川がここで出合うのである。丸子川はもとの六郷《ろくごう》用水の一部で、河床が高い。それゆえ、平成初期まで谷沢川をまたぐように水路があった。だが、現在では交差部分は丸子川の方が谷沢川の下を下水管で対岸に渡され、ポンプの力を借りて再び流れを取り戻している。

ここから始まる等々力《とどろき》渓谷は、国分寺崖線が侵食されてできた約一キロの渓谷である。人の手が入らなかった渓谷の価値が見いだされるようになったのは、昭和五年（一九三〇）の玉川全円耕地整理組合による流路整備がきっかけだった。昭和八年（一九三三）には多摩川風致地区に指定。翌年多摩川風致協会が設立されて、護岸整備と遊歩道の整備に着手。平成一一年（一九九九）には、約三万五〇〇〇平方メートルの区域が東京都の名勝に指定された。渓谷を

⑨五島美術館は田健治郎別邸だった。皇太子時代の昭和天皇お手植えの松が残る

⑩五島美術館脇を通る東急大井町線。標高差 20 m の国分寺崖線を一気に駆け上がる

⑪瀬田隧道は水道施設。脇の階段はウルトラマンのスチール撮影に使われたこともある

⑫谷川緑道。二子玉川駅に近く、手入れが行き届いている。曲がり道が多くて楽しい

⑬瀬田にあった長野県選出の代議士小坂順造別邸が旧小坂家住宅として公開されている

⑭旧小坂家住宅のサンルーム。寝室に接続しており、往時は富士山が一望できた

流れる谷沢川も浄化装置の改良によって水質の改善が図られ、平成一四年（二〇〇二）の調査では、湧水が三三ヶ所確認されたという。

整備された遊歩道北端から住宅地に上がり、野毛大塚古墳や二子玉川《ふたこたまがわ》公園を散策しながら、上野毛《かみのげ》の五島《ごとう》美術館へ。五島美術館は、台湾総督などを歴任した田健治郎《でんけんじろう》の別邸万象閣《ばんしょうかく》の敷地だった。大正一〇年（一九二一）秋には、陸軍特別大演習を統監した皇太子（のちの昭和天皇）が、万象閣で一泊している。田健治郎歿後、万象閣は東急の五島慶太《ごとうけいた》の邸宅となった。

上野毛から岡本にかけては、玉川電鉄（現在の東急田園都市線の一部）の渋谷～玉川（現在の二子玉川）が開業した明治四〇年（一九〇七）以降、水戸徳川家、川崎八右衛門（川崎財

⑮岩崎彌之助（三菱2代目総帥）に始まる岩崎家の廟。彌之助の歿後、三菱関係の建築を数多く手がけたジョサイア・コンドルが設計し、明治43年（1910）に完成した

閥）、清水揚之助（清水組副社長）、久原房之助（久原財閥）、小坂順造（政治家）、鮎川義介（日産コンツェルン）、岩崎小彌太（もともと岩崎家の墓苑「玉川廟」建立に始まる）、松方正義（元老）といった錚々たる面々の別荘が多く建てられた。旧小坂順造邸と岩崎家の静嘉堂周辺は当時の面影を残しており、自然が保たれている。

⑯静嘉堂文庫の建物は岩崎彌之助の17回忌を期に大正13年（1924）に新築された

⑰静嘉堂文庫周辺は、岡本静嘉堂緑地として自然が保全されている。豊かな湧水に驚く

17 赤羽周辺の地形探訪

歩行距離：6・5キロ
所要：4時間
最寄り駅：板橋本町駅／志村三丁目駅

赤羽《あかばね》は交通の要衝である。南からは東北本線（宇都宮線・京浜東北線）と埼京線《さいきょうせん》（旧赤羽線）が結束し、北へは東北本線（宇都宮線・京浜東北線）と埼京線が再び分かれてゆく。停車するわけでもないのに、新幹線までもが赤羽駅構内を通る。それにしても、なぜ赤羽なのか。そこには地形というか、高低差の要素が深くかかわっていた。

最初に赤羽付近に鉄道が敷設されたのは、明治一六年（一八八三）に開通した上野～熊谷《くまがや》間だった。上野から王子までの区間を崖線直下の崖雪頽《がけなだれ》と呼ばれた無用地に建設したため、荒川を渡った埼玉県内のルートが中山道《なかせんどう》沿いということを考慮すれば、比高一五メートルに及ぶ台地を避けて崖線下に敷設する現行ルートが最も無難で効率的だったのだ。

赤羽駅が開設されたのは明治一八年（一八八五）。赤羽線（当時は品川線といい山手線の一部。現在は埼京線として運行）が乗り入れた際、分岐地点にあたっていたことによる。

赤羽周辺は、面白い地形が点在している。最初に訪ねたのは、梅木《うめのき》小学校付近。この小学

①浮間付近で隅田川を渡り、赤羽の北側で武蔵野台地に滑り込む東北新幹線E5系。赤羽台トンネルの総延長は585m。着工前、トンネル予定地で反対運動が起きた

校は、約五メートルの深さの窪地に立地するのだが、明治三八年（一九〇五）に開設された陸軍《りくぐん》火工廠《かこうしょう》稲付射場《いねつけしゃじょう》の跡地である。稲付射場は陸軍火工廠板橋火薬製造所十条兵器製造所の付属施設で、火薬火器の爆破や発射の実験場として使われた。古地図から判断するかぎり、稲付川《いなつけがわ》が支流と合流する部分を拡げて造成したと推測される。因みに梅木小学校

②旧稲付射場付近は擁壁が目立つ。稲付射場の跡地は梅木小学校に転用

③昔、坂下の稲付川に水車小屋があり、農家が利用していたことから水車の坂と呼ばれる

荒川
新河岸川
北赤羽駅
埼京線
東北・上越・北陸新幹線
東北本線
埼玉高速鉄道
赤羽岩淵駅
東京メトロ南北線
赤羽八幡神社 11 12 13 14
星美学園
師団坂
諏訪神社
東京北医療センター
都営桐ヶ丘アパート
赤羽緑道公園
八幡小
東本通り
静勝寺
赤羽駅
赤羽台団地星形住宅
亀ヶ池弁財天
赤羽自然観察公園
国立スポーツ科学センター
水車の坂
稲付公園
梅木小
旧同潤会赤羽分譲地
稲付射場跡
環七通り
埼京線
東十条駅
旧中山道
←板橋本町駅へ

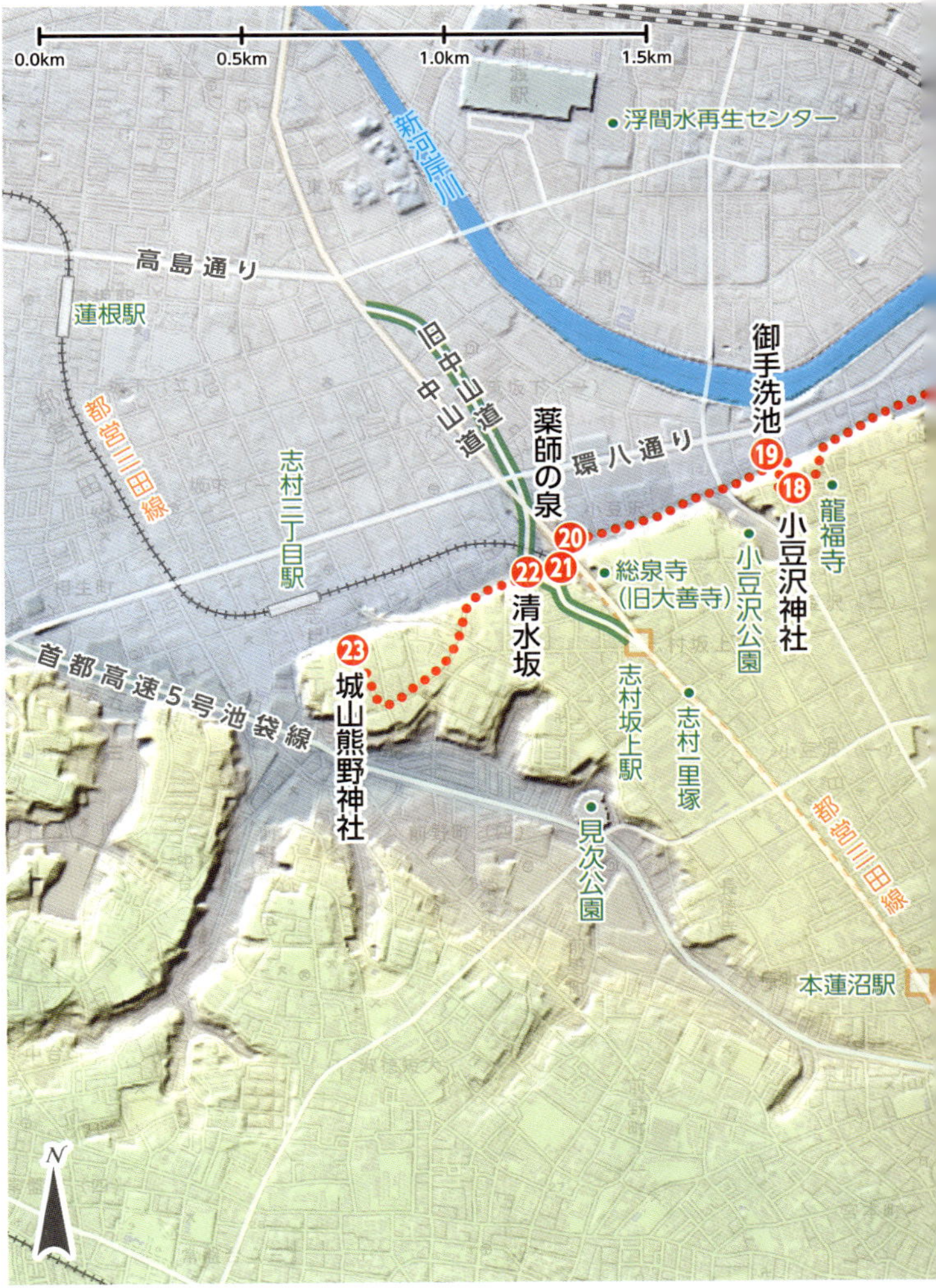
0.0km
0.5km
1.0km
1.5km
浮間水再生センター
新河岸川
高島通り
蓮根駅
旧中山道
中山道
都営三田線
志村三丁目駅
薬師の泉
環八通り
御手洗池
19
18
龍福寺
小豆沢神社
20
21
22
総泉寺
(旧大善寺)
小豆沢公園
清水坂
23
城山熊野神社
首都高速5号池袋線
志村坂上駅
志村一里塚
見次公園
都営三田線
本蓮沼駅
N

④稲付公園は講談社を創業した野間清治の別邸跡。その前の坂は野間坂と呼ばれている

⑥土蔵の約50m北にある無名の階段坂。このあたりは坂や階段の道が連続する

⑤赤羽西2丁目に残る三つ巴紋が浮き彫りにされた土蔵。消防用軽ポンプ保管場所

⑦稲付城跡の石碑が建つ静勝寺。45段の傾斜角は34度に達する

の名称は、戦前に造成された近くの同潤会赤羽分譲住宅地が「梅ノ木荘」と称されたことによるものだろう。

稲付川の谷を下り、水車の坂から台地に上がり、崖沿いを歩くと稲付《いなつけ》公園に出る。講談社を創業した野間清治《のませいじ》の別邸跡地である。木立から列車の音が風に乗って流れてくる。野間は現在の群馬県桐生《きりゅう》市出身だったから、故郷を結ぶ鉄道が一望できたこの高台を選んだのではないかと想像をめぐらした。

急な坂、曲がりくねった坂、階段の坂。坂の見本市みたいな道筋を通り、高台の突端の静勝寺《せいしょうじ》を訪れた。ここは稲付城《いねつけじょう》跡でもあり、都の旧跡に指定されている。『大菩薩峠《だいぼさつとうげ》』で知られる中里介山《なかざとかいざん》が下宿し、作家の安岡《やすおか》章《しょう》太郎《たろう》が旧制中学当時預けられた寺でもある。

つづいて、赤羽駅の北西の高台を探訪。崖

⑧赤羽台団地に残る星形住宅。すでに旧来の赤羽台団地の棟から住民は退去しているようで、人影はなかった。背後は団地建て替えで誕生したURのヌーヴェル赤羽台

下に祀られた亀《かめ》ヶ《が》池《いけ》弁《べん》財《ざい》天《てん》は、湧水池に祀られた祠が起源だろう。水と関係の深い弁財天や滝とゆかりの深い不《ふ》動《どう》明《みょう》王《おう》は、崖下の泉池や滝のほとりに祀られることが多い。八幡宮や氷《ひ》川《かわ》明《みょう》神《じん》が崖線上の岬のように突き出た地形に祀られがちなのと対照的である。

日当たりもよく地盤も強固な高台の、赤羽駅至近の一等地に立地するのが、UR赤羽台

⑨静勝寺の鎮守の弁財天を祀った亀ヶ池弁財天。弁天講の人々に守られている

⑩赤羽緑道公園。赤羽付近にあった軍用地と赤羽駅を結ぶ軍用軌道跡が遊歩道になった

団地である。日本住宅公団（URの前身）の大規模団地は、たいてい山林や田畑を造成して建設されたが、この団地は陸軍の被服本廠《ひふくほんしょう》だった。明治二四年（一八九一）に陸軍の被服廠倉庫が建設され、大正八年（一九一九）に本所区《ほんじょく》（墨田区横網《よこあみ》）から軍装品を生産する被服本廠が移転してきたのである。戦後は接収されて米軍住宅「赤羽ハイツ」となっていたが、昭和三五年（一九六〇）に返還され、二年後、当時二三区最大の赤羽台団地が完成した。半世紀が経ち、現在はヌーヴェル赤羽台への建て替えが進む。

　終戦まで十条《じゅうじょう》から赤羽にかけての丘陵の大半が軍用地だった。北区（当時の王子区・滝野《たきの》川《がわ》区）の一割以上の土地が軍用地で占められていたというから驚く。赤羽周辺だけでも、北から工兵第一大隊《こうへいだいいちだいたい》（星美《せいび》学園）、近衛《このえ》工兵大隊（東京北医療センター）、赤羽練兵場《れんぺいじょう》（赤羽台四丁目の戸建て住宅地）、工兵作業場（都営桐ヶ丘《とえいきりがおか》アパートN街区）、袋村小銃射場《ふくろむらしょうじゅうしゃじょう》（赤羽台さくら並木公園・八幡《はちまん》小学校）、被服本廠（赤羽台団地）、赤羽火薬庫（都営桐ヶ丘アパートE・W街区）、陸軍火工廠稲付射場（梅木小学校）、陸軍兵器廠（都営西が丘三丁目アパートや国立スポーツ科学センターなど、西が丘三丁目一帯）など枚挙にいとまがない（カッコ内は跡地に立地する現在の施設）。

　団地を抜け、小銃射場の着弾地跡に開校した八幡小学校の先を右折して赤羽緑道公園に入る。かつての軍用軌道《ぐんようきどう》である。小銃射場を線路が横断していたため、列車が通るときは訓練を中断したという。軌道跡の道路が尽きると、左が師団坂《しだんざか》。工兵隊兵営に上る坂ということで名

⑪赤羽八幡神社の南の縁から八幡谷を見下ろす。東北本線（左側）に加え、昭和60年（1985）には、東北・上越新幹線と埼京線が開通し、赤羽は従来にも増して交通の要衝となった

⑭八幡神社に移設された猿田彦庚申塔。数年前まで赤羽台猿田彦神社の御神体だった

⑫赤羽八幡神社の参道。武蔵野台地北東端の突端に鎮座し、付近5ヶ村の総鎮守だった

⑮バス停にもなっている師団坂。坂の上に第一師団工兵第一大隊兵舎があったことに因む

⑬八幡神社境内にある赤羽招魂社。旧陸軍第一師団工兵第一大隊にあったものを遷座

⑱小豆沢神社。江戸時代は十二天社と呼ばれ、小豆沢村の鎮守だった

⑯赤羽台トンネルの入り口が武蔵野台地の崖線に設けられている様子がよくわかる

⑲小豆沢神社の崖下にある御手洗池。富士講や大山講の行者の水ごりの場だったという

⑰諏訪神社。手前の参道と社殿は一直線に結ばれていたが、明治時代の道路造成で分断

づけられた。坂の途中にある赤羽八幡《はちまん》神社境内には、工兵第一大隊跡から遷された営内社の赤羽招魂社《しょうこんしゃ》がひっそりと祀られている。

台地の縁の北に回る。地図で見ると三キロ以上にわたって崖線が一直線に延びている。歩いても見通せるわけではないが、擁壁の規模はとてつもなく大きかった。

ここからは、坂を上り下りしながら、崖線上に点在する古社を巡ることにする。諏訪《すわ》神社、小豆沢《あずさわ》神社、城山熊野《しろやまくまの》神社がほぼ等間隔で鎮座している。

諏訪神社は、途中で参道が分断されている。近くに小銃射場ができた明治時代、南北方向の道路が開削されたようだ。境内に昭和五年（一九三〇）に内務省《ないむしょう》が設置した水準点があるのが珍しい。

諏訪神社から崖線直下を歩き、小豆沢神社

⑳江戸名所図会にも描かれた中山道沿いの薬師の泉。大善寺本尊の清水薬師の清泉だった

㉒旧中山道の清水坂。くの字に曲がり、中山道で唯一富士山を右手に一望できる名所だった

㉑都営三田線が顔を出す板橋区志村2丁目。周囲は擁壁に囲まれ、崖であることがわかる

㉓熊野神社に立つ志村城跡の碑。境内は志村城の二ノ丸だったといわれ、空堀が残る

の手前で坂道を上がる。小豆沢神社はかつて十二天社《じゅうにてんしゃ》と呼ばれていた古社。隣接する龍《りゅう》福寺《ふくじ》の門前には、崖下の御手洗池《みたらしいけ》から昭和三七年（一九六二）に遷された不動尊が祀られている。

　御手洗池から崖下の道を歩くと、国道一七号に出る。この道路は中山道として知られているが、実際の旧中山道はもっと細かく折れ曲がっていた。志村一里塚《しむらいちりづか》をすぎた旧中山道は、崖線からゆるやかに左に曲がってつづら折りで崖線を下る。清水坂《しみずざか》と刻んだ石碑が立つあたりは、右富士《みぎふじ》の名所だった。

　最後に訪れたのが、崖線の西端に位置する城山熊野神社。鎮座地は、志村城《しむらじょう》の二ノ丸付近である。旧拝殿を転用した絵馬堂には、江戸から明治大正にかけての絵馬が掛かり、一見の価値がある。

18 中川の高低差散歩

歩行距離：12キロ
所要：7時間
最寄り駅：京成高砂駅／東大島駅

京成《けいせい》高砂《たかさご》駅を下り、下町の風景の向こうに巨大な斜張橋《しゃちょうきょう》の主塔が見えた時、心がざわついた。歩みを進めて、高砂橋に立つと圧倒された。中川《なかがわ》が、都内の河川らしからぬ圧倒的な水量で立ち現れたからである。

①京成高砂駅から少し歩くと、目の前に巨大な斜張橋の主塔が出現する。高砂橋である

高砂橋の下手から中川は分流する。左側（東）に分かれてゆくのが新中川である。戦後生まれの川らしく、一直線だ。新中川誕生のきっかけは洪水だった。昭和一三年（一九三八）六月の洪水で中川は氾濫し、一週間にわたって計画高水位《けいかくこうすいい》を突破した。同年九月には台風による大雨と高潮で、流域はさらなる被害を受けた。この経験を元に、中川下流と江戸川下流を直結する新放水路などの治水事業が一〇ヶ年計画で開始された。しかし事業は、戦争激化で中断。その後、昭和二二年（一九四七）

②高砂橋は、中川が分水する場所でもある。右方向に流れるのがもとの中川で、環七通りの青砥橋が見える。左に流れていくのが昭和38年（1963）に完成した新中川

⑤小さな鳥居の向こうにさらに小さな鳥居。謎を秘めた立石は小ぶりな玉垣内に鎮まる

③立石の熊野神社境内に平成21年（2009）に京都から遷された銅製の五重塔（7m）

⑥立石は凝灰岩。江戸期以降、霊石として削られ、地表に露出するのは高さ4㎝ほど

④熊野神社は屈曲した流路の内側に鎮座する。境内は正五角形をしている

のカスリーン台風で利根川《とねがわ》流域が大洪水に襲われると、再び新放水路計画が息を吹き返し、昭和二四年（一九四九）から一五年かけて新中川が開削されたのである。

それにしても海抜ゼロメートル地帯における「高低差」は命がけである。あきらかに地面より高い水面を川幅いっぱいに流れる中川。台風や豪雨の際も、近隣を流れる荒川《あらかわ》や江戸川《えどがわ》ほど水位が変わらないのは、これ以上水位を上げることができない中川の特性があるからだろう。

川沿いを歩いて、熊野《くまの》神社を訪ねた。ここは境内の土地が正五角形をしていたという不思議な古社である。平安時代に安倍晴明《あべのせいめい》が創建したという言い伝えがあり、熊野を象徴する八咫《やた》烏《がらす》と五角形を組み合わせた独特の神紋である。

⑦中川のテラス（遊歩道）には、中川に生息する動物や魚類が護岸に描かれている

⑧中川にはさまざまな野鳥が飛来する。写真は東京都の鳥でもあるユリカモメ

⑨護岸耐震補強工事に併せてテラスを整備。ツタが日差しを遮るよう設計されたベンチ

0.0km
1.0km
2.0km
3.0km
高砂橋
京成高砂駅
京成本線
お花茶屋駅
牛田駅
京成関屋駅
堀切駅
堀切菖蒲園駅
青砥駅
新中川
環七通り
立石
本奥戸橋
水戸街道
荒川
綾瀬川
東武スカイツリーライン
隅田川
京成押上線
四ツ木駅
京成立石駅
中川
熊野神社
鐘ケ淵駅
木根川橋
八広駅
浄光寺
浄光寺旧境内
東向島駅
平和橋
東立石緑地公園
東四つ木避難橋
中川旧河道
蔵前橋通り
総武線
新小岩駅
明治通り
曳舟駅
京成曳舟駅
小村井駅
木下川排水機場
平井住宅
とうきょうスカイツリー駅
押上駅
東武亀戸線
旧中川
東あずま駅
北十間川
平井駅
亀戸天神
京葉道路
亀戸水神駅
首都高速7号小松川線
錦糸町駅
亀戸駅
東京メトロ半蔵門線
西大島駅
大島駅
東大島駅
住吉駅
小名木川
旧小松川閘門
都営新宿線
船堀駅
荒川ロックゲート
小名木川排水機場
N

⑩平成元年（1989）に竣工した本奥戸橋。最近の道路橋には珍しいトラス形式の橋梁

⑫中川テラスには、釣り人の姿もちらほら。シーバスなどが釣れることもあるとか

⑪立石製薬（田辺製薬関連会社）の工場跡地を整備して開園した東立石緑地公園

⑬昭和35年（1960）に開通した平和橋の親柱にはクジャクバトの彫像が配置

すぐ近くには立石《たていし》という地名の起源となった「立石」がある。信仰を集める霊石だが、実は房総半島の鋸《のこぎり》山《やま》付近の海岸の凝灰岩《ぎょうかいがん》で、古墳の石室として運ばれ、古代東海道の目印の石に用いられたらしい。

以前の中川は、カミソリ堤防から川面を遠巻きに眺めるしか術《すべ》がなかったのだが、近年、堤防の耐震化事業と並行してテラス（遊歩道）設置が進んでおり、川べりを歩くことができるようになった。以前は違法繋留された船や勝手に設営された桟橋が目立ったが、すべて撤去されてすっきりしている。

最後のカーブを曲がった先が綾瀬川《あやせがわ》との合流点だが、大正半ばまでは、中川北岸の葛飾区立中川中学校と木下川薬師《きねがわやくし》（浄光寺）の土地が中川の河道だった。木下川薬師は徳川将軍家ゆかりの古刹だが、もとの境内は五〇〇

⑭平和橋のたもとから荒川方向を眺める。荒川堤を走る首都高速中央環状線の高架橋の手前に見えるのが本田ポンプ所。荒川（放水路）が完成する前はここから右に中川が流れていた

メートルほど北西にあった。ところが、荒川放水路（荒川）用地にかかることから、大正八年（一九一九）に中川旧河道に移転したのである。念のため申し添えれば、現在の荒川下流部は人工河川である。

綾瀬川と合流した中川は、荒川に寄りそうかたちで東京湾に向かって南流するが、旧中川は荒川の西で河跡湖として姿を留めている。荒川を渡り、旧中川へ向かった。

荒川に面した中川旧河道は埋め立てられて公務員宿舎になっている。かつての流路そのまま住居棟がカーブしているのが珍しい。その先の旧中川はのどかな自然公園そのものだ。今まで歩いてきた溢れんばかりの中川とは違い、ほとんど流れの消えた湖沼なのである。堤防も低く、河川敷まで広くとってある。植栽された葭《よし》原《はら》は野鳥の格好の隠れ場と

⑮財務省の平井住宅。旧中川の河道に建設されたため、曲線を描く。右は、荒川スーパー堤防のモデル事業（長さ150 m、幅100 m）で約5 mの人工地盤上に建てられたマンション

⑱綾瀬川に架かる東四つ木避難橋。荒川堤防を歩き、木根川橋（453 m）で荒川を渡る

⑯木下川薬師こと浄光寺は荒川放水路で移転を余儀なくされ、現在は中川旧河道が境域

⑲江戸時代に開削された北十間川に架かる小原橋の仮橋から旧中川の江東新橋を撮影

⑰右はかつしかハープ橋。中央は綾瀬川との合流部に架かる上平井橋。奥は上平井水門

⑳木下川水門と小名木川水門で荒川から遮断された旧中川は、水位も下げられて流れはほとんど無きに等しい。両岸は公園となり、堤防も申し訳程度。右は小松川ポンプ所の水門

なっている。

総武線を越えると、列車から見えるように「ようこそ江戸川区へ　江戸川区平井」と書かれた大きな標柱が河川敷に現れる。旧中川の東側は江戸川区に属しているのだ。

いくつもの橋をくぐり抜け、南へと歩く。以前、真夏に歩いた時は、京葉道路を越えた南側の旧中川では、岸辺の岩に海の生物フナムシがびっしりついていた。釣りをしていた人に釣果を訊いたら、ハゼがたくさん上がっていた。流れを失った川は、このあたり、すでに汽水《きすい》（海水と混じり合った水）なのだ。

戦前から戦後にかけて製糖工場や肥料工場が並んでいた江戸川区小松川《こまつがわ》一丁目は、大島《おおじま》小松川《こまつがわ》公園の一部となっている。このあたりで西から小名木川《おなぎがわ》が合流するが、合流点には江戸時代、中川船番所があった。番所跡のそ

㉑旧中川の河道上にホームがある都営新宿線東大島駅。川面でカヌーを楽しむ人の姿も

㉒旧中川から小名木川（左奥）が分岐。江戸時代はこの場所に船番所が設けられていた

㉓旧中川と小名木川の分岐には荒川との小松川閘門が設けられていた。今も一つ残る

ばには中川番所資料館があって、江戸から近代にいたる水運の様子を知ることができる。

隅田川と荒川に挟まれた江東区・墨田区・江戸川区の内水面は、外部の水路とは堤防と水門で遮断されている。地下水汲み上げなどにより、最大四・五メートル（江東区南砂《みなみすな》町《まち》）も地盤沈下したためだ。そのため荒川堤防は周囲の地盤より一〇メートルも高く嵩上げされた。こうなると堤防内部は、完全に締め切られた干拓地のようなものだ。内外の水位差は最大三・二メートルあるから、水路を出入りする方法は、パナマ運河のように閘門《こうもん》を介するしかない。

荒川放水路（荒川）開削直後の昭和五年（一九三〇）に完成した小松川閘門は、荒川と旧中川・小名木川の水位差を調整するための閘門で、最盛期には年間一二〇〇〇隻が通航したとい

㉔最大3.2mにも達する水位差のある荒川と旧中川・小名木川をつなぐ荒川ロックゲート。船舶は2つの閘門に挟まれた水域で水位を調整したのち、通航する

う。しかし戦後の舟運の減少により昭和五〇年（一九七五）に閉鎖。二つあった閘門の一つが大島小松川公園の中に埋設されて残っている。外観は、まるでヨーロッパの城門である。現在は旧小松川閘門の南側、荒川との合流部に荒川ロックゲートが完成している。閘門の中間に入った船舶が上下する様《さま》は、何度見ても胸躍る光景である。

㉕荒川側から見たロックゲート。水門らしからぬ厳めしい面構えである

㉖旧中川と荒川の合流点に設けられた小名木川排水機場。後方は荒川ロックゲート

番外

都心の水源池を巡る

地図を見ていて不思議に思ったことがある。ほぼ南北に並んでいる井《い》の頭池《かしらいけ》（三鷹《みたか》市）、善《ぜん》福寺池《ぷくじいけ》（杉並区）、妙正寺池《みょうしょうじいけ》（杉並区）、三宝寺池《さんぽうじいけ》（練馬区）の標高を読み取ると、池の水面の高さがどれも四五メートルから五〇メートルと似通っているのだ。いずれも東京を流れる代表的な都市河川の水源池で、もとは武蔵野台地の谷頭《こくとう》に連なる湧水池《ゆうすいち》である。すり鉢のようにえぐれた窪地に立地しているところは、そっくりだ。

なぜ同じ標高に水源の池が分布したのだろう。武蔵野台地が隆起扇状地だから――つまり古多摩川《こたまがわ》によって形成された扇状地が隆起して誕生したからといわれている。

井の頭池、善福寺池、妙正寺池、三宝寺池のラインが南北のほぼ同じ標高に並んでいるのは、扇状地の末端にあたるからと考えれば

善福寺池で見かけたカワセミ（メス）

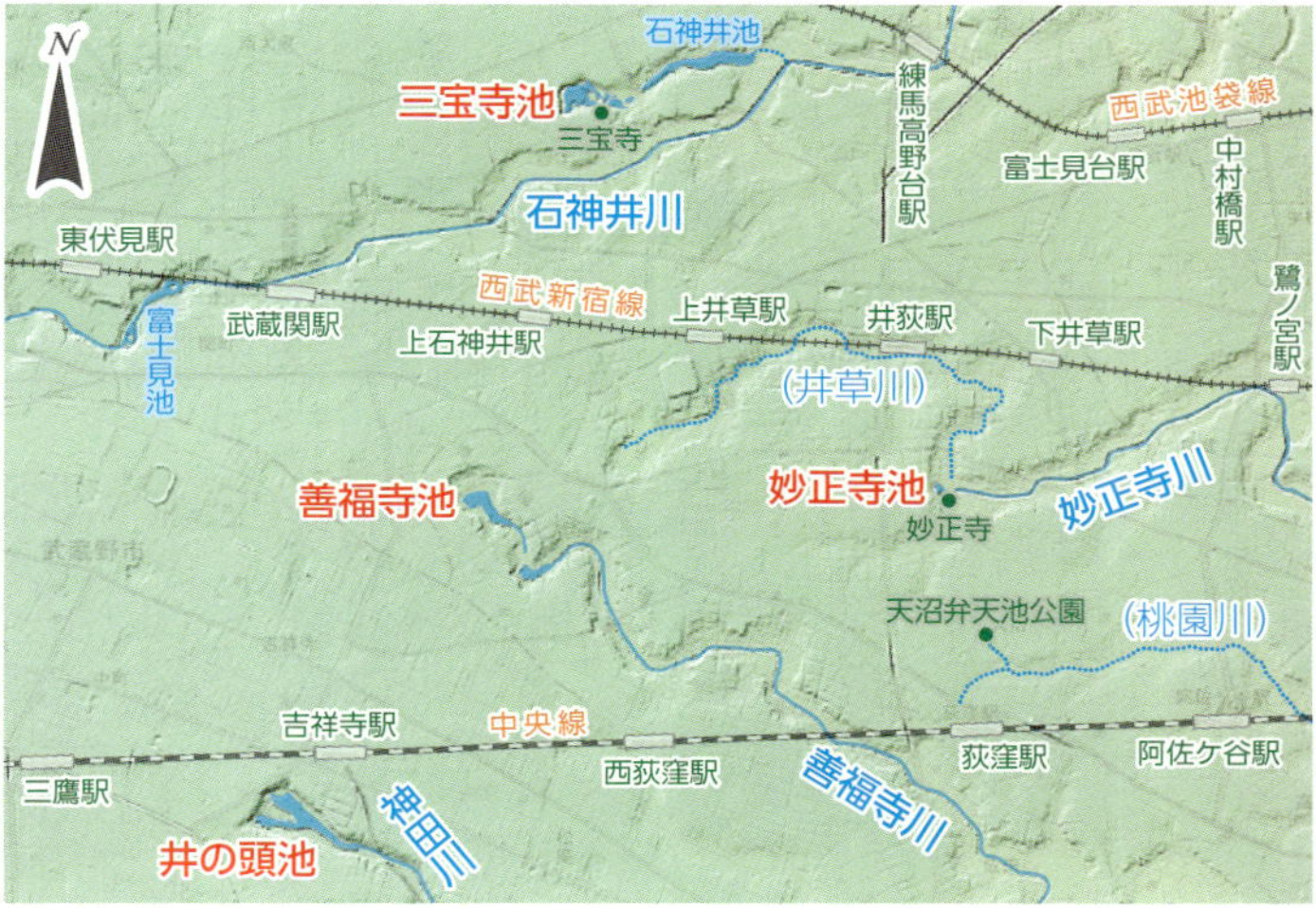

腑《ふ》におちる。扇状地の末端は、多数の湧水を生じ、清冽な泉池《せんち》が形成されるのである。位置は少し西になるが、石神井川《しゃくじいがわ》の富士見池《ふじみいけ》（練馬区）もほぼ同じ標高である。

最初に訪ねたのは井の頭池。吉祥寺《きちじょうじ》駅近くにあり、二四・六キロに及ぶ神田川の水源だ。池の東から最初の流れが発する様子は、護岸堤防の下水路と化した下流の神田川しか知らない者にとっては感動的ですらある。

神田上水の水源池である井の頭池周辺は幕府の御用林で、木々の伐採は厳しく禁じられていた。井の頭恩賜《おんし》公園というのは、幕府領の山林が皇室の御料林となり、大正期に東京市に下賜されたことに因んでいる。

井の頭池は、周囲の市街化にともない、昭和三〇年代から湧水が減少しはじめ、ほとんど涸渇した。現在では八ヶ所の深層井戸から

井の頭池

井の頭弁財天。本殿の扁額は石橋湛山の書

水面では多数の渡り鳥が羽を休めていた

水門橋から流れ出す神田川。河口まで開渠だ

家康が関東随一の名水とたたえたお茶の水

一日三五〇〇トンの水を汲み上げて、池に導水している。井の頭池の谷頭で豊かな湧水が溢れている「お茶の水」も、深層地下水の汲み上げである。さらに玉川上水を通じて、多摩川上流水再生センターの高度処理水を高井戸付近で神田川に導水している。

ただし井の頭池の湧水がなくなったわけではない。井の頭池で掻掘《かいぼり》（池の水をかい出して泥をさらい、生物を捕り、水底を天日に干すこと）をした際、湖底から何ヶ所も水が盛んに湧いている様子が観察されている。台風や豪雨などで地下水位が上昇した際にも池の底から湧出する様子が確認されている。

井の頭池の北東約三キロにあるのが善福寺池である。善福寺川の水源であるのはもちろん、池のほとりには昭和七年（一九三二）に完成した杉並浄水所があり、水道の取水井が

2つの池を結ぶ水路は遅野井川として整備

豊かな湧水に恵まれ、湖畔には水道の井戸も

下池の東端から善福寺川が流れ出す

遅野井。往時の湧水を滝の形で復元した

設置されている。杉並区は二三区で唯一、水道の原水に井戸水を一部使用している。

　ここでも、やはり池の湧水は減っており、現在の遅《おそ》野《の》井《い》の滝は、地下一二〇メートルの井戸から地下水を汲み上げて流している。

　善福寺池は、地域住民による周辺の自然保全活動が盛んなのも特徴である。取材時にカワセミの姿が見られたのは驚きだったが、珍しいことではないらしい。

　つづいて訪れた妙正寺池は、善福寺池から東に二キロ余り。井の頭池や善福寺池と比べればずいぶん小さい。池や川の名前の元になった妙正寺もすぐ近くにある。妙正寺池の中島にかつて存在した弁天堂に祀られていた弁財天も妙正寺に安置されている（非公開）。

　妙正寺池も現在は深層地下水の導水で命脈をつないでいる。妙正寺池の下手に造成され

池から離れた場所で妙正寺川は開渠になる

中央の浮島は弁天島と呼ばれていた

天沼弁天池公園。池は後から造成したもの

池の名のもとになった妙正寺がそばにある

た児童公園の地下では、暗渠化された井草川《いぐさがわ》が北から合流している。時間があれば、流路をたどってみるのも面白いだろう。源流部まで遊歩道が整備されている。

妙正寺池から南に約一キロ、荻窪《おぎくぼ》駅北口にほど近い天沼弁天池《あまぬまべんてんいけ》公園付近には、杉並・中野両区を流れていた桃園川《ももぞのがわ》（一四二ページ参照）の水源だった弁天池があった。標高はやはり四五メートル前後である。

この土地はさまざまな経緯をたどり、現在は区立公園となっている。園内に日本庭園を思わせる池があるが、水源池としての弁天池とは関係ない。公園脇の道端には、池に祀られていた弁財天がひっそりとたたずむ。

善福寺池の約二キロ北にあるのが、石神井川の水源の一つである三宝寺池である。井の頭池や善福寺池と並び、豊富な湧水池として

三宝寺池

江戸時代は弁財天が祀られていた厳島神社

三宝寺池は石神井川の有力な水源である

三宝寺池のほとりに石神井城があった

沼沢植物群落が天然記念物に指定された

知られていたが、昭和三〇年代以降自然湧出が激減し、深層地下水で命脈をつないでいる。現在は水質保全のため、ポンプで池の水を循環させている。

畑や雑木林で覆われていた武蔵野の高台は、今やほとんどが住宅地や舗装道路となり、かつて豊かな湧水をはぐくんだ武蔵野台地に降りそそぐ雨水は、地下にしみ込むことなく、コンクリートで固められた暗渠で遠い下水処理場へと運ばれてしまう。これでは湧水など生まれようもないのだろう。

三宝寺池は、昭和一〇年（一九三五）に沼《しょう》沢《たく》植物群落が天然記念物に指定され、ミツガシワなどが保護されている。

取材時にカワセミの姿を見かけた。バードウォッチャーも多いようで、超望遠レンズを付けたカメラ持参の人が目立った。

川景色今昔

東京の川は味気ないと思っていませんか。
思いもよらない昔の姿を紹介します。

昭和のはじめまで、都心部の河川といえども、まだまだ自然の姿を濃厚に残していた。子供たちは川で遊び、流域の人々にとっても、川は身近な存在だった。ところが、ひとたび豪雨がつづくと、ふだん穏やかだった川は容赦なく牙を剝き、簡単に氾濫した。

明治以降の東京周辺の急激な都市化は、雨水のすみやかな河川流入をまねくようになり、洪水の頻度と規模を飛躍的に増やしていった。実際、明治後期以降の東京では、ほぼ毎年、大規模な洪水に襲われるようになっていたのである。

自然の姿を失う代わりに私たちが得たものは何か。そして具体的に何が失われたのか。過去と現在の写真を見比べることで見えてくるに違いない。

今回は、都心の西側の武蔵野台地から流れ下る石神井川、神田川、渋谷川、目黒川の今昔風景を取り上げた。

石神井川

王子駅近くに架かる音無橋を上流から撮影。昭和6年（1931）に竣工した音無橋の下を流れる石神井川は、豪雨のたびに増水し、川沿いの家屋は浸水被害に見舞われてきた。遠くに見えている舟串橋は、昭和33年（1958）の狩野川台風で流出している。北区中央図書館所蔵

昔の写真の撮影位置に護岸堤防が建設され、川が見えなくなったため、音無橋の脇から撮影。石神井川の治水対策として、飛鳥山直下を通る飛鳥山分水路が昭和44年（1969）に開通。川に面した民家は移転し、音無橋付近は音無親水公園となった。舟串橋も園内に復元された

昭和６年(1931)、東中野の中央線築堤から旧神田上水を撮影。中央に架かるのは大東橋。左の木立は料亭寿々木家（日本閣の前身）。現在は、井の頭池から流れ出た源流から下流まですべて神田川と呼ぶが、かつては神田上水関口取水堰から上流は旧神田上水と呼ばれていた。護岸堤防整備前の貴重な姿である。写真提供：東京都建設局

現在、中央線の築堤上の立ち入りは不可能のため、大東橋の上流の万亀橋から中央線神田川橋梁と大東橋を撮影した。両岸はコンクリートの護岸となり、緑の木々に包まれていた日本閣の敷地には30階のタワーマンションが建ち、同じ場所とは思えない

昭和11年（1936）に撮影された高田馬場付近の旧神田上水。遠くの鉄道橋は、西武鉄道の神田上水橋梁。その奥に山手線の神田川上水橋梁もある。手前の道路橋は神高橋。写真手前が更地になっているのは、神高橋から下流の河道付け替えが予定されていたためである。写真提供：東京都建設局

現在の神高橋は平成15年（2003）の完成。南に屈曲していた流路が改修で直線化されている。昭和30年代までの中流部は染色工場が並び、生活・工場排水もそのまま神田川に流していたため水質汚濁がひどかったが、近年はアユが遡上するまでに回復した

河川改修着工直前の昭和8年（1933）、旧神田上水を渡る王子電気軌道の橋梁から下流を撮影。遠くに鉄塔が2基確認できるが、これは、明治40年（1907）に竣工した東京電燈駒橋発電所（山梨県）～早稲田変電所間76kmの高圧送電線（5万5000V）の高さ約15mの鉄塔。写真提供：東京都建設局

王子電気軌道は、戦時中の昭和17年（1942）に東京市電の一路線となった（現在の都電荒川線）。両岸はコンクリートの護岸となり、河床はすっかり低くなってしまった。この場所から江戸川公園までの約2kmは桜並木になっており、春先は花見の人々で賑わう

昔

子どもたちの歓声が聞こえてきそうな昭和初期の関口大洗堰。現在の文京区関口1丁目にあり、滝のような景観を作り出していた。かつてはこの堰の約30m上流で神田上水は分水され、専用水路で神田や日本橋方面へと配水されたのである。関口大洗堰は昭和12年(1937)に撤去。文京ふるさと歴史館所蔵

今

関口大洗堰跡に架けられた大滝橋付近から、神田川を上流に向かって撮影。過去の写真では川遊びする子供の姿が印象的だったが、現在の神田川は、ほぼ垂直に切り立った護岸で固められ、上から眺めるだけの味気ない水路になってしまった

渋谷川

昔

昭和7年（1932）、神宮外苑付近を流れる渋谷川を北から撮影。護岸工事が行われており、作業用の仮橋の板が渡されている。昭和39年（1964）の東京オリンピック直前まで、国立競技場西側を流れる渋谷川は開渠で、川沿いに民家が並んでいた。左奥の木立は神宮外苑。写真提供：東京都建設局

今

国立競技場解体がほぼ終わった平成28年（2016）6月に撮影。人工物を撤去すると、渋谷川の河岸段丘の地形が現れた。手前左に見える、地中から突き出ている縦坑が、下水道千駄ヶ谷幹線（もとの渋谷川）のマンホール。渋谷川が流れていたことを示している

昭和14年（1939）、表参道付近を流れる渋谷川を下流から撮影。高い位置に架かるのが参道橋。明治神宮創建と表参道の造成に合わせて、大正9年（1920）に架橋された。鉄筋コンクリート製、高欄が花崗岩という、明治神宮の表参道にふさわしいりっぱな橋だった。写真提供：東京都建設局

ほぼ同位置からの撮影。かつての表参道との高低差が軒先まであったのに比べるとずいぶん改良されたが、今でも表参道と旧河道沿いの道路との間には階段8段分の段差がある。階段を上がった表参道の歩道に参道橋の親柱が残っている（127ページ参照）

昔

昭和14年(1939)、現在の神宮前5・6丁目付近を流れる渋谷川を撮影。遠くに見えるのが、江戸時代から架けられていた穏田橋(おんでんばし)。撮影翌年の昭和15年(1940)に護岸工事と川幅拡張が行われるが、それ以前は川幅も狭く、護岸も杭と板だけという簡素なものだった。写真提供:東京都建設局

今

穏田橋のあった場所に、穏田橋の親柱が残されている

穏田川という別称もあったこのあたりの渋谷川の旧流路はキャットストリートと名を変え、観光客で賑わいを見せる。写真中央、人がいるあたりに穏田橋が架かっていた

昔

かつての宇田川は、渋谷駅前を東に流れて、宮益坂下で渋谷川と合流していた。昭和10年（1935）、宇田川は宮益坂下の約80m北側で渋谷川と合流するよう付け替えられた。この写真は、竣工直後に宮益坂下の宮益橋から撮影。トンネル状の暗渠が宇田川の新水路である。写真提供：東京都建設局

今

渋谷川と宇田川の合流地点は完全に暗渠化され、現在は下水道千駄ヶ谷幹線と下水道宇田川幹線という呼び名である。蓋をされた上部には、渋谷川遊歩道と自転車置き場が開設されている。背後では、「新宮下公園等整備事業」の工事が始まった

昭和12年（1937）、河川改修工事直前、自然河川の名残をとどめていたころの目黒川を上目黒の大橋の上流から撮影。背後に壁のように見えるのが大橋と思われる。橋の上を通るのが大山街道（厚木街道）で、玉川電気鉄道の線路が敷設されていた。写真提供：東京都建設局

現在、大橋から上流部の目黒川約600mは完全に暗渠化され、地上部は目黒川緑道に変わった。道の傍らには、北沢川緑道と烏山川緑道からつづく人工のせせらぎが流下している。写真のせせらぎは、平成21年（2009）の完成。すでに自然の一部となった感がある

昭和8年（1933）、河川改修工事直前、中目黒の田楽橋から上流を撮影。中央に見えるのは工事用の仮橋で、土砂搬出列車の専用軌道が敷設されていた。全体の竣工は昭和15年（1940）6月。目黒川の河川改修は、駒場の輜重兵第一大隊なども動員された大規模なものだった。写真提供：東京都建設局

目黒川の河川改修の結果、田楽橋の上手には、川幅を拡げて船入場（船溜まり）が造成され、川岸には荷揚げ場が設けられた。写真は、船入場の上流側の現況。河川改修当時は3段の大規模な堰が設けられ、船入場の流れをゆるやかなものにしていた

竹内正浩（たけうち・まさひろ）
歴史探訪家。1963年、愛知県生まれ。地図や近現代史をライフワークに取材・執筆を行う。著書に『旅する天皇』（小学館）、『地図と愉しむ東京歴史散歩』シリーズ（中央公論新社）、『「家系図」と「お屋敷」で読み解く歴代総理大臣』シリーズ（実業之日本社）、『写真と地図でめぐる軍都・東京』（NHK出版）など多数。

宝島社新書

カラー版 重ね地図で愉しむ
江戸東京「高低差」の秘密
（からーばん かさねちずでたのしむ えどとうきょう「こうていさ」のひみつ）
2019年3月23日 第1刷発行

著　者　竹内正浩
発行人　蓮見清一
発行所　株式会社宝島社
〒102-8388 東京都千代田区一番町25番地
編集　03-3239-0928
営業　03-3234-4621
https://tkj.jp
印刷・製本：中央精版印刷株式会社

ISBN978-4-8002-8868-4